Bandana Upadhya
Dora Brown

Conceptualização da saúde mental pelos jovens nepaleses que vivem no Reino Unido

Bandana Upadhya
Dora Brown

Conceptualização da saúde mental pelos jovens nepaleses que vivem no Reino Unido

ScienciaScripts

Imprint
Any brand names and product names mentioned in this book are subject to trademark, brand or patent protection and are trademarks or registered trademarks of their respective holders. The use of brand names, product names, common names, trade names, product descriptions etc. even without a particular marking in this work is in no way to be construed to mean that such names may be regarded as unrestricted in respect of trademark and brand protection legislation and could thus be used by anyone.

Cover image: www.ingimage.com

This book is a translation from the original published under ISBN 978-3-659-84096-8.

Publisher:
Sciencia Scripts
is a trademark of
Dodo Books Indian Ocean Ltd. and OmniScriptum S.R.L publishing group

120 High Road, East Finchley, London, N2 9ED, United Kingdom
Str. Armeneasca 28/1, office 1, Chisinau MD-2012, Republic of Moldova, Europe
Printed at: see last page
ISBN: 978-620-8-10316-3

Agradecimentos

Gostaria de dedicar este livro aos meus pais e ao meu marido, pelo amor incondicional e apoio infinito.

Dora Brown, obrigada por me ajudar a transformar uma ideia humilde em uma tese e agora em um livro do qual posso me orgulhar.

Quero agradecer a todos os meus participantes pela honestidade, franqueza e coragem.

Resumo

Contexto : Pessoas do Nepal que migraram e se estabeleceram no Reino Unido estão formando um grupo étnico minoritário em rápido crescimento . Um pequeno número de estudos destacou preocupações sobre a falta de compreensão dos problemas de saúde mental e conscientização sobre serviços de saúde mental entre grupos de nepaleses que vivem no Reino Unido (RU). No entanto, não houve nenhuma investigação sobre como eles conceituam a saúde mental e respondem às suas necessidades de saúde mental. Além disso, não houve nenhum estudo sobre a população nepalesa mais jovem do RU.

Objetivos : O objetivo deste estudo foi explorar as perspectivas subjetivas de jovens adultos da comunidade nepalesa sobre saúde mental e sofrimento psicológico.

Método : O estudo adotou uma metodologia de pesquisa qualitativa. Cinco jovens adultos nepaleses (idade média de 25,2) foram recrutados usando estratégia de amostragem proposital e entrevistados usando entrevistas semiestruturadas. As entrevistas foram transcritas e analisadas usando Análise Fenomenológica Interpretativa.

Resultados : Um tema mestre foi desenvolvido para demonstrar a percepção e experiência dos participantes de sofrimento psicológico e/ou problemas de saúde mental: 'ver a saúde mental de forma diferente'. Três temas foram desenvolvidos posteriormente para explicar o tema mestre, que incluía 'compreender a saúde mental', ' reconhecer e resolver problemas: foco em si mesmo e nos outros'; e 'proximidade e escapismo: foco na família e na comunidade'.

Conclusão : As descobertas foram discutidas em termos de literatura existente sobre outros grupos étnicos minoritários e teorias sobre somatização de doenças mentais e biculturismo . As implicações das descobertas também foram discutidas.

Capítulo 1 Introdução

A globalização fez com que o Reino Unido se tornasse uma nação amplamente multicultural. Grupos étnicos minoritários que tentam se estabelecer no Reino Unido podem enfrentar barreiras linguísticas, discriminação, conflitos culturais, isolamento e luto cultural, tudo isso pode ter um impacto negativo em seu bem-estar mental (Bhugra & Jones, 2001; Bhugra, 2001). Dificuldades também podem surgir para provedores de serviços e formuladores de políticas no país anfitrião que, sem conscientização suficiente, não serão capazes de adaptar adequadamente os serviços para torná-los mais acessíveis e úteis para vários grupos étnicos minoritários. Os serviços de saúde mental são particularmente vulneráveis a isso. Os profissionais de saúde mental hoje precisam tratar vários grupos étnicos minoritários cuja compreensão e percepção de doenças mentais e diagnósticos provavelmente são significativamente diferentes dos seus (Bhugra *et al*., 2011). Pesquisas mostraram que pessoas de grupos de minorias negras e étnicas (BME) são o grupo menos propenso a buscar ajuda para problemas de saúde mental e têm uma desvantagem significativa quando se trata de ter suas necessidades de saúde mental atendidas (Bhui *(et al*., 2003; Bristow *et al*., 2011). Para tornar os serviços de saúde mental mais favoráveis à cultura e, portanto, acessíveis aos grupos étnicos minoritários, é necessário fazer mais esforços para compreender a saúde mental a partir da perspectiva de diferentes culturas.

Pessoas do Nepal que migraram e se estabeleceram no Reino Unido estão formando um grupo étnico minoritário em rápido crescimento . Com base no censo de 2001, havia 5.943 pessoas nascidas no Nepal vivendo no Reino Unido. Esses números provavelmente aumentaram dramaticamente desde 2004, porque em 2004 os soldados Gurkha que se aposentaram antes e depois de 1997 ganharam o direito de se estabelecer permanentemente no Reino Unido, junto com seus dependentes (Adhikari, 2012).

O Nepal é um pequeno país situado no sul da Ásia, classificado como um dos países menos desenvolvidos do mundo (Adhikari, 2012; Jha, 2007). De acordo com um relatório da Organização Mundial da Saúde (OMS), havia apenas 18 unidades ambulatoriais de saúde mental disponíveis em todo o país, nenhuma das quais era especificamente para crianças e adolescentes (relatório WHO-AIMS, 2006). Devido ao número limitado de profissionais de saúde mental, treinamento especializado em saúde mental, serviços de saúde mental, bem como estigma e discriminação generalizados associados a problemas de saúde mental, o Nepal como país enfrenta grandes desafios para melhorar o acesso e a qualidade dos cuidados de saúde mental (Devkota, 2011; relatório WHO-AIMS, 2006). Regmi et al (2004) relataram que a maioria das pessoas que vivem no Nepal concebem a doença mental como uma pessoa "perdendo o autocontrole", tornando-se "louca" e/ou sendo "possuída por espíritos" . Regmi et al (2004) afirmou ainda que pessoas com doenças mentais são consideradas "inadequadas" e frequentemente rejeitadas por suas famílias, bem como pela sociedade em geral. Como resultado, muitos relutam em se apresentar para tratamento. Um estudo mais recente analisando as atitudes e o estigma percebido entre cuidadores de indivíduos diagnosticados com doenças mentais (variando de transtornos de humor a esquizofrenia e "retardo mental"), também recebendo atendimento ambulatorial em um hospital em Kathmandu (Nepal), descobriu que algumas das atitudes mais populares entre os cuidadores eram que "assim que uma pessoa mostra qualquer sinal de doença mental, ela deve ser hospitalizada " e "o paciente mental precisa do mesmo tipo de controle e disciplina que uma criança pequena" (Neupane, Dhakal, Thapa, Bhandari e Mishra,

2016). Por outro lado, a declaração menos popular selecionada pelos cuidadores (refletindo uma atitude particular) foi "é nossa responsabilidade fornecer o melhor atendimento à pessoa com doença mental" (Neurpane *et al* , 2016), destacando a prevalência de atitudes negativas em relação às pessoas com doenças mentais, mesmo entre os familiares que cuidam delas.

É possível que pessoas que migraram do Nepal para o Reino Unido também tenham crenças e atitudes semelhantes sobre saúde mental e doença mental como aquelas que vivem no Nepal (conforme destacado nos estudos relatados acima), e podem estar relutantes em perguntar sobre serviços de saúde mental em vista dos serviços inadequados que estão disponíveis em seu país de origem e/ou possível estigma associado à busca de ajuda externa para problemas de saúde mental. Além disso, a maioria das pessoas no Nepal prefere buscar consultas particulares para doenças psiquiátricas, se puderem pagar (Jha, 2007), o que pode ter um impacto em como os serviços de saúde mental são consultados por parte da população nepalesa no Reino Unido.

Há um número limitado de estudos que analisaram as necessidades de saúde mental de nepaleses que vivem no Reino Unido. Dois estudos foram conduzidos na região de Rushmoor (North East Hampshire, Inglaterra), onde um número crescente de nepaleses parece ter se estabelecido. Um deles foi uma investigação sobre os fatores que afetam o acesso a serviços de saúde mental por indivíduos de grupos BME (não especificado) e nepaleses, em comparação com a maioria da população britânica branca da mesma área (Amani, 2012). O estudo foi um piloto, e as pesquisas foram o principal método de coleta de dados. A maioria das respostas foi de indivíduos com idade entre 41 e 50 anos. Algumas das principais descobertas deste estudo foram que os entrevistados nepaleses eram menos propensos a falar com seu clínico geral (GP) sobre suas preocupações com a saúde mental (semelhante a outros entrevistados BME). Eles também eram menos propensos a saber e, por sua vez, acessar serviços locais de saúde mental, em comparação com os entrevistados britânicos brancos. Embora este estudo destaque a presença de diferenças, ele pouco informa por que as diferenças existem entre os entrevistados britânicos brancos e nepaleses. Além disso, não está claro quais grupos étnicos diferentes compunham os entrevistados BME e, portanto, há pouco que pode ser revelado sobre o porquê de alguns dos comportamentos serem compartilhados entre os diferentes grupos étnicos minoritários, enquanto outros não. Houve também uma sub-representação de respostas de jovens nepaleses, jovens adultos, bem como aqueles com mais de 50 anos.

A segunda investigação foi conduzida pelo Departamento de Saúde (DOH; Casey, 2010) e analisou as necessidades gerais de saúde, incluindo saúde mental, dos nepaleses que vivem na área de Rushmoor . Grupos focais compostos por profissionais de saúde de clínicas médicas locais deram origem a três temas principais relacionados à saúde mental: estigma, somatização e atraso no diagnóstico. O tema "estigma" relacionado a profissionais de saúde, incluindo clínicos gerais, se perguntando se a saúde mental estava associada ao estigma na comunidade, fazendo com que os nepaleses decidissem não procurar ajuda. O segundo tema - somatização - relacionado à observação por profissionais de que os nepaleses tendiam a somatizar suas preocupações com a saúde mental, já que muitos relataram queixas de saúde física, como tonturas e dores abdominais aos seus médicos, quando o problema subjacente era frequentemente doença mental (geralmente depressão). O terceiro tema de "atraso no diagnóstico" referiu-se às preocupações levantadas pelos clínicos gerais de que geralmente havia um atraso no diagnóstico de doença mental entre os indivíduos nepaleses, devido à sua aparente alta tolerância a problemas pessoais, o que significava que os problemas só seriam trazidos à atenção quando se tornassem graves. Essas descobertas são interessantes e começam a fornecer algumas explicações sobre os padrões de comportamento entre os nepaleses na região de Rushmoor ; no entanto, elas são baseadas nos pontos de vista e observações de pessoas que não são da comunidade nepalesa e, portanto, podem não ser uma descrição precisa da experiência vivida e das ideias que existem dentro da comunidade nepalesa.

Os estudos disponíveis são limitados e não conseguem indicar como os nepaleses vivenciam, conceituam , identificam ou gerenciam o sofrimento emocional e quais fatores podem influenciar esses processos. Foi sugerido que a origem cultural de um indivíduo provavelmente influencia a maneira como as dificuldades de saúde mental são vivenciadas, comunicadas, reconhecidas , toleradas, se são ou não expressas e conceituadas (Hwang, Myers, Abe-Kim & Ting, 2008). Por exemplo, há diferenças culturais na maneira como o sofrimento psicológico se manifesta fisicamente. Estudos descobriram que a manifestação somática ou física de tristeza é comum em culturas asiáticas, enquanto falar sobre problemas e expressar as emoções verbalmente é mais comum em culturas ocidentais (Farooq et al., 1995; Chun, Enomoto & Sue, 1996). A somatização também foi encontrada entre os nepaleses, de acordo com o relatório do DOH descrito acima (Casey, 2010). Os nepaleses também podem ter perspectivas diferentes sobre falar sobre seus problemas e podem não ver isso como um meio apropriado e/ou eficaz de resolver seus problemas. Um estudo qualitativo descobriu que mulheres do sul da Ásia falavam sobre seu sofrimento mental de uma forma que evitava falar sobre si mesmas (Fenton & Sadiq-Sangster, 1996). Mesmo dentro da cultura nepalesa, pode haver maneiras diferentes e específicas da cultura nas quais as pessoas comunicam seu sofrimento.

Uma revisão da literatura também destacou uma falta de foco em problemas de saúde mental que afetam jovens nepaleses que vivem no Reino Unido. Casey (2010) relatou problemas crescentes de uso indevido de drogas entre jovens nepaleses do sexo masculino na região de North East Hampshire. Ela descobriu que profissionais de saúde que tentam se envolver com esses jovens frequentemente enfrentam desafios para envolver tanto os jovens quanto seus pais. Curiosamente, os pais parecem optar por um estilo mais rigoroso de tratamento disponível no Nepal, com crenças de que seus filhos responderiam melhor à "firmeza", já que essa também foi a maneira como foram criados. O relatório não oferece perspectivas dos próprios jovens sobre seus problemas e/ou escolha de tratamento, que parecem ser amplamente influenciados por seus pais. Não se sabe se os jovens nepaleses têm crenças semelhantes às de seus pais sobre essas questões ou se são mais influenciados pelas crenças da cultura ocidental mais ampla e, além disso, como eles podem administrar quaisquer diferenças entre as duas influências culturais.

Diz-se que filhos de pais imigrantes vivem entre duas culturas. Indivíduos são conhecidos como biculturados se falam tanto sua língua nativa quanto a língua da cultura receptora, são amigos de indivíduos de ambas as origens culturais e se expõem à mídia pertencente a ambas as culturas (Schwatz & Unger, 2010; Mistry & Wu, 2010).

Indivíduos biculturados podem experimentar uma obrigação, por um lado, de seguir regras e orientações estabelecidas por seus pais, mas, por outro lado, ser atraídos ou influenciados pela cultura do país anfitrião por meio de seus pares, do sistema educacional convencional e da mídia (Benet-Martinex & Haritatos , 2005, Mistry & Wu, 2010). Este pode ser o caso de jovens adultos nepaleses que nasceram aqui ou viveram em ambos os países, Nepal e Reino Unido. Eles podem ter herdado a cultura de ambos os países, o que pode ser uma fonte de oportunidade ou confusão. Alguns podem se sentir mais atraídos pela tradição de seu país de origem, enquanto outros se sentem mais interessados em se adaptar à cultura do Reino Unido, criando uma situação conflitante a ser administrada.

Berry (1997) propôs uma estrutura para entender como grupos étnicos minoritários negociam a identificação entre sua cultura de origem ou cultura étnica e a cultura dominante ou dominante. Ele sugere que duas questões-chave entram em jogo durante esse processo: até que ponto os grupos étnicos minoritários são motivados ou autorizados a manter a identificação com a cultura de origem ou a cultura étnica e até que ponto eles são motivados ou autorizados a se identificar com a cultura do país anfitrião ou cultura majoritária. Os indivíduos podem assumir uma das quatro posições de aculturação possíveis depois de terem trabalhado nas duas questões. A aculturação se refere ao processo pelo qual um grupo cultural, geralmente a minoria, adota os valores, a linguagem e os comportamentos de outro, geralmente a maioria. A primeira posição de aculturação, de acordo com Berry (1992), é chamada de "assimilação", onde os indivíduos se identificam principalmente com a cultura majoritária dominante. A segunda é chamada de "integração", onde há altos níveis de identificação com ambas as culturas. O terceiro é denominado 'separação', onde a identificação é principalmente com a cultura étnica e o último é denominado ' marginalização ', no qual o indivíduo da minoria étnica não se identifica com nenhuma das culturas. Parece haver grandes diferenças individuais e de grupo em como as pessoas se aculturam, na quantidade de estresse vivenciado e em termos de quão bem elas se ajustam psicológica e socialmente (Berry, 2005; Koneru, Weisman de Mamani, Flynn & Betancourt, 2007). É possível que os diferentes processos de aculturação possam influenciar como os jovens nepaleses de primeira ou segunda geração percebem os sintomas de sofrimento psicológico ou problemas de saúde mental. Assim, alguém que é 'assimilado' na cultura ocidental ou majoritária
pode ser mais propenso a abrigar crenças que estejam alinhadas com as perspectivas ocidentais, em comparação com alguém que esteja "separado". Seria interessante investigar se a primeira e a segunda geração de jovens nepaleses se atraem para qualquer cultura ou ambas (ou nenhuma) em suas tentativas de dar sentido à sua angústia pessoal e ao escolher um curso de ação. Foi essa curiosidade em particular que deu origem à pesquisa atual . Assim, o objetivo desta pesquisa foi reconhecer perspectivas subjetivas sobre saúde mental de pessoas pertencentes a uma comunidade nepalesa no Reino Unido, especificamente jovens adultos. O objetivo era contribuir para um corpo incipiente de literatura que relaciona saúde mental e minorias étnicas. Para ajudar a cumprir o objetivo, a pesquisa adotou uma metodologia qualitativa, pois esse tipo de pesquisa é considerado ideal para análise de estudo de caso e investigações aprofundadas da experiência, percepções e atitudes das pessoas, em oposição à pesquisa quantitativa, onde o propósito é generalizar os dados coletados (Yin, 2003). Além disso, para ajudar a responder à pergunta da pesquisa: como os nepaleses que vivem no Reino Unido dão sentido aos problemas de saúde mental, o estudo usou entrevistas para

coletar dados. As entrevistas usaram um formato semiestruturado. Entrevistas semiestruturadas foram consideradas apropriadas, pois usam uma abordagem flexível para coleta de dados e são consideradas úteis para acessar relatos ricos e aprofundados das experiências das pessoas (Smith, Flowers & Larkin, 2009). O método de análise de dados foi a Análise Fenomenológica Interpretativa (IPA, doravante). A IPA é um método adequado para explorar perspectivas pessoais e experiências vividas de pessoas de forma aprofundada. Ela permite que as pessoas entendam e deem significado ao seu mundo pessoal, bem como expressem suas experiências dentro de seus contextos particulares (Smith, Flowers & Larkin, 2009). Além disso, a IPA é frequentemente recomendada para pesquisa transcultural com grupos étnicos minoritários (Liamputtong, 2010).

Capítulo 2 Método

Participantes

Seguindo as diretrizes da IPA, este estudo seguiu uma estratégia de amostragem proposital para recrutar participantes. A amostragem proposital é onde os participantes são selecionados com base no fato de que eles permitirão ao pesquisador acesso a pontos de vista particulares sobre os fenômenos que estão sendo estudados (Smith, Flowers & Larkin, 2009). Assim, participantes de um grupo específico (por exemplo, pessoas originalmente do Nepal que viveram no Reino Unido por mais de um ano) e com características específicas (por exemplo, aqueles com experiência pessoal de sofrimento emocional ou psicológico ou problema de saúde mental) foram recrutados. Uma lista dos critérios de inclusão empregados está listada na Tabela 1.

1. Participants must currently be residing in the UK and their country of origin must be in Nepal
2. Participants must be aged 18 or over (and be no more than 29 years old)
3. Participants must be able to communicate in English (researcher willing to make exceptions if this is difficult to meet)
4. Participants must have some personal experience of emotional distress or mental health difficulties (either currently or in the past)
5. Participants must be willing to be interviewed and the interview to be audio-recorded

Table 1: Lista de critérios de inclusão empregados no presente estudo

Os participantes potenciais foram inicialmente contatados por meio de indicações de gate-keepers na comunidade nepalesa. Os nomes e detalhes de contato de seis indivíduos dispostos foram disponibilizados ao pesquisador por meio de indicações de gate-keepers identificados. Os participantes foram inicialmente contatados por meio de

mensagens de texto para verificar o consentimento e a possibilidade de uma conversa telefônica (para fornecer mais informações e iniciar o processo de engajamento). Dois dos seis participantes não responderam à mensagem de texto inicial. Três participantes deram consentimento verbal para participação, mas não responderam no acompanhamento. Após inúmeras tentativas de contato, presumiu-se que eles não desejavam mais participar. Assim, dos seis participantes em potencial, apenas um conseguiu participar do estudo.

Devido às dificuldades enfrentadas no recrutamento usando a estratégia descrita acima, outros meios de recrutamento foram empregados. Um desses métodos envolveu solicitar ajuda de membros de um grupo de jovens baseado no Nepal. Dois indivíduos foram recrutados por meio do grupo de jovens e posteriormente entrevistados. Depois disso, mais dois indivíduos foram recrutados por meio de um método oportunista, usando os contatos pessoais do pesquisador (também nepalês) da comunidade nepalesa. Mais detalhes e as reflexões do pesquisador sobre o processo de recrutamento são fornecidos posteriormente.

No geral, cinco indivíduos foram convidados a participar do estudo. Amostras pequenas são geralmente preferidas em estudos de IPA porque permitem que o pesquisador alcance uma interpretação abrangente de cada caso individual antes de examinar similaridades e diferenças entre os casos (Smith & Osborn, 2007).

A amostra final consistiu em quatro participantes do sexo feminino e um participante do sexo masculino com idades variando de 19 a 29 (idade média de 25,2). A quantidade média de anos que os participantes viveram no Reino Unido foi de 9,1 anos. Todos os participantes relataram que seu país de origem era o Nepal. Todos os participantes se identificaram com dificuldades emocionais, sociais, de saúde mental e/ou física. A amostra foi considerada homogênea, pois todos os participantes eram jovens adultos nepaleses de primeira geração, que se mudaram para o Reino Unido com seus pais . Os participantes receberam pseudônimos. As informações demográficas relevantes para cada participante estão descritas na Tabela 2.

Participant pseudonym	Gender	Age	Number of years lived in the UK	Identified problem
Shreya	Female	29	20	Depressed, Hallucination
Kalpana	Female	27	6.5	Depressed, Unexplained infection
Anju	Female	19	3	Heard voices
Jitendra	Male	25	7	Drug addiction
Gita	Female	26	9	Stress, Migraine

Table 2: Tabela mostrando pseudônimos, gênero e idade dos participantes

A entrevista

Todos os participantes se encontraram ou falaram com o pesquisador/entrevistador pelo menos uma vez antes da entrevista. Os participantes receberam documentos relevantes, incluindo informações sobre o estudo e um formulário de consentimento por e-mail ou pessoalmente, antes da entrevista (cópias incluídas no Apêndice A, B e C). Os participantes receberam explicações sobre consentimento e confidencialidade e, posteriormente, pediram uma assinatura no dia da entrevista. Os participantes foram recebidos em

sua casa (apenas no caso de participantes conhecidos pelo pesquisador), centro comunitário ou escritórios do conselho, dependendo do que fosse mais adequado para o participante e o pesquisador.

A entrevista foi semiestruturada e informal. A entrevista consistiu em uma série de perguntas abertas. A entrevista começou com uma breve introdução ao estudo, que mencionou que os participantes seriam questionados sobre suas experiências de viver longe do Nepal e sobre o problema com o qual eles lutavam anteriormente e/ou continuavam lutando. A primeira pergunta da entrevista perguntou aos participantes há quanto tempo eles viviam no Reino Unido, seguida por uma pergunta ampla de: "como é viver no Reino Unido?". Depois, os participantes foram solicitados a contar ao entrevistador mais sobre sua experiência de saúde mental ou saúde física, ou se eles não tinham usado essas palavras anteriormente, para descrever o problema que eles encontraram. O objetivo disso era evitar o uso de palavras que os participantes não associavam à sua experiência pessoal. Os participantes entenderam o que estava sendo perguntado. Perguntas gerais sobre saúde mental e serviços de saúde mental também foram incluídas na entrevista para levar os participantes a compartilhar seu ponto de vista sobre essas questões, mesmo que eles não se identificassem como tendo problemas de saúde mental. O cronograma completo da entrevista foi incluído na Tabela 2 (abaixo).A duração da entrevista variou de 45 minutos a 2 horas. Todas as entrevistas foram gravadas em áudio , com a permissão dos participantes. As gravações foram transcritas na íntegra. Alguns dos participantes usaram palavras e frases nepalesas na entrevista. As palavras nepalesas foram transcritas em nepalês (usando letras inglesas), porém com uma tradução em inglês ao lado entre colchetes. Pseudônimos foram usados em vez dos nomes reais dos participantes durante o processo de transcrição para garantir o anonimato dos participantes. As reflexões do pesquisador sobre o processo de entrevista foram detalhadas abaixo.

1. Would you mind telling me how come you are living in the UK?
2. What is it like living in the UK?
3. There is no right or wrong answer to the next question. What does 'mental health' mean to you?
4. You mentioned that you were struggling with your health/mental health/stress/a problem. Would you mind telling me more about this? Prompts: What did you do about it? How was that?
5. What do you know about services you have at your disposal for attending to health/mental health?
6. Do you know about similar services back in Nepal? How were they?

Tabela 3 Tabela que mostra o roteiro de entrevista utilizado no presente estudo

Considerações éticas

O estudo recebeu aprovação ética favorável da University of Surrey. Todos os participantes consentiram em participar do estudo. Os participantes foram informados sobre a confidencialidade dos dados. Todos os materiais confidenciais dos participantes, incluindo gravações de áudio e transcrições de entrevistas, foram armazenados como arquivos de computador protegidos por senha e cópias em papel foram armazenadas com segurança na University of Surrey.

Como o tópico da entrevista era sensível e pessoal, previa-se que os participantes pudessem ficar chateados durante e/ou após a entrevista. Por esse motivo, os participantes foram informados após a entrevista e um plano foi colocado em prática para ajudar aqueles que pudessem precisar de suporte de acompanhamento adicional. Isso incluía permissão para entrar em contato com o pesquisador e um esboço de estratégias de autocuidado. Os participantes não estavam interessados em acessar linhas de ajuda, pois essa não era uma forma usual de suporte para eles.

Análise

A Análise Fenomenológica Interpretativa (IPA; Smith & Osborn, 2003) foi usada para analisar os dados da entrevista. O processo recomendado na IPA é uma análise caso a caso seguida por uma comparação entre casos que envolve uma série de estágios (Smith & Osborn, 2003; Smith, Flowers & Larkin, 2009). Em linha com a recomendação, cada transcrição foi lida com cuidado, completamente e repetidamente para permitir que o pesquisador se familiarizasse com os dados. Cada leitura completa da transcrição produziu novos insights sobre o relato que estava sendo estudado. Anotações iniciais foram feitas durante essas leituras, o que envolveu marcar quaisquer associações livres, interpretações iniciais ou qualquer coisa de interesse. Todas as anotações iniciais foram feitas no lado direito das transcrições. Depois disso, as anotações iniciais foram analisadas mais a fundo para encontrar temas emergentes, que foram anotados como 'títulos de tema' na margem esquerda das transcrições. Os títulos de tema eram palavras ou frases que capturavam mais adequadamente o que foi encontrado no material. Quando ideias semelhantes ocorreram em vários pontos da transcrição, o mesmo título de tema foi repetido. Esse processo foi realizado para cada transcrição. Depois disso, todos os títulos dos temas emergentes foram colocados em post-its separados e espalhados sobre uma mesa para que cada nota ficasse visível. Cada post-it incluía números de referência para permitir que o pesquisador identificasse a qual participante o tema pertencia. Os post-its contendo temas de todos os participantes foram organizados e reorganizados em vários grupos na tentativa de encontrar conexões entre eles. O pesquisador então tentou dar sentido às conexões dentro dos grupos que se desenvolveram, dos quais três temas principais emergiram. Os três temas principais receberam novos títulos. Eles foram comparados e analisados posteriormente para derivar um tema mestre que ajudasse a responder à principal questão da pesquisa. Por fim, citações de cada transcrição foram anotadas em cada um dos temas principais. No entanto, o participante masculino, Jitendra, teve mais dificuldade em se envolver em conversas longas durante a entrevista e, portanto, sua contribuição para a análise foi muito menor em comparação com as participantes femininas, que deram entrevistas muito mais longas e detalhadas.

A credibilidade do estudo foi estabelecida seguindo as diretrizes propostas por Yardley (2000). De acordo com Yardley (2000), há quatro características para uma pesquisa qualitativa de boa qualidade: sensibilidade ao contexto, comprometimento e rigor , transparência e coerência, e impacto e importância. A sensibilidade ao contexto foi alcançada conduzindo uma revisão de literatura para construir conscientização da literatura existente sobre o tópico sendo pesquisado. Isso incluiu extrair descobertas do estudo para estudos e teorias existentes na discussão, e usando amostragem proposital para recrutar participantes com atributos especiais relevantes para o fenômeno sendo estudado. Comprometimento e rigor foram garantidos através do desenvolvimento de habilidades de entrevista, através de envolvimento prolongado e completo com o tópico sendo estudado, material de entrevista (dados de áudio e transcritos) e durante a análise de dados. Transparência e coerência foram asseguradas por meio de um esboço detalhado do processo de coleta e análise de dados, verificando a credibilidade dos temas entre o pesquisador e seu supervisor, bem como usando supervisão de pares, e por último por meio de reflexões sobre o impacto potencial das características e intenções do pesquisador nas respostas dos entrevistados e nas interpretações feitas (na seção *reflexão sobre metodologia* , abaixo). Impacto e importância foram assegurados pela contribuição das descobertas da pesquisa atual para a literatura atual, a comunidade nepalesa e profissionais de saúde, bem como provedores de serviços que trabalham com a comunidade nepalesa.

Reflexão sobre metodologia

Esta seção foi escrita na primeira pessoa para compartilhar os pensamentos, sentimentos, reações e análises do pesquisador sobre a experiência encontrada durante as diferentes etapas da condução do estudo.

Este foi um tópico de pesquisa que foi importante para mim. Também foi extremamente desafiador de conduzir. Primeiro, fui tomado pelo medo de não conseguir identificar a verdade, ou de contaminá-la de alguma forma por estar abertamente ligado ao tópico e ao grupo de participantes. Preocupei-me que minhas semelhanças com o grupo de participantes - em termos de minha idade e status como um migrante nepalês de primeira geração - dariam origem a certas suposições que prejudicariam o foco da entrevista e as interpretações feitas. Eu estava igualmente preocupado em fazer suposições específicas da cultura sobre problemas de saúde mental, já que eu também tinha insights sobre questões de saúde mental da perspectiva de um psicólogo praticante (em treinamento), bem como da perspectiva de um pesquisador de psicologia. Reconheci imediatamente que estava potencialmente em uma posição privilegiada para ser a voz das pessoas em minha comunidade, bem como ajudar colegas praticantes a formar uma melhor compreensão das percepções e ações de um grupo étnico minoritário. Infelizmente, acredito que a responsabilidade percebida que veio com esse privilégio se tornou esmagadora às vezes. Também fiquei preocupado que esse privilégio pudesse me colocar em uma posição de maior poder para meus participantes, que poderiam ignorar minha etnia e idade e desconfiar do meu status como psicólogo em treinamento com acesso a um conhecimento que poderia ser desconhecido ou inviável para eles.

O que eu talvez não tenha previsto suficientemente foram os problemas que eu enfrentaria no recrutamento. Eu ingenuamente acreditei que outros nepaleses estariam dispostos a se abrir para mim, também um nepalês. O que ficou imediatamente claro para mim quando embarquei no processo de recrutamento foi que eu de fato representava uma grande ameaça para potenciais participantes que não me conheciam pessoalmente e, portanto, não podiam ter certeza das minhas intenções. Os gate-keepers que concordaram em ajudar no processo de recrutamento frequentemente retornavam com histórias de rejeições. O feedback que eles ofereceram foi que muitos dos jovens abordados para participação estavam preocupados com o que eu faria com suas histórias. Esses jovens supostamente expressaram medos de que, como nepalês, eu iria divulgar seu "segredo" ou ridicularizá-los de alguma forma.
Outro problema era que muitos dos homens mais jovens que contatei (por telefone) estavam hesitantes em se sentar para uma entrevista. Eles pareciam particularmente desconfiados do fato de que a entrevista seria gravada. Apesar das minhas tentativas de tranquilizá-los sobre os processos, eu podia sentir o desconforto deles. Parecia-me que eles estavam nervosos sobre ter que responder perguntas pessoais a um estranho em um ambiente bastante íntimo (uma interação cara a cara). Eu me perguntei se eles achavam intrigante pensar que eu queria entrevistá-los. Como um psicólogo clínico estagiário que frequentemente conduzia avaliações psicológicas e intervenções terapêuticas em um ambiente individual, a ideia de entrevistar se tornou tão normal e fácil para mim. No entanto, para alguém sem a experiência de ser entrevistado sobre seus problemas ou sobre sua experiência, deve ser um pedido um tanto estranho e provocador de ansiedade. Eu me perguntei se eles estavam preocupados em ter que me envolver em uma conversa por tempo suficiente. Eu me perguntei se eles se preocupavam com o que eu os faria "revelar". Eu me ofereci para enviar aos participantes em potencial minhas perguntas da entrevista para tornar o processo mais transparente e me encontrar com eles para revisar o estudo novamente; no entanto, isso não deu muita segurança a muitos que decidiram não me ligar de volta, afinal. Talvez minha posição como pesquisadora tenha contribuído para o desconforto desses jovens: é possível que eles me achassem

menos identificável e mais ameaçadora porque eu era do sexo oposto. Não busquei nem recebi nenhum feedback desses jovens, então nunca saberei com certeza as razões para seu desligamento.

Uma característica comum de todos os jovens encaminhados a mim na fase inicial foi a experiência anterior de dependência de drogas e/ou álcool. Foi extremamente difícil convencer esse grupo específico de participantes, pois a maioria deles se desligou em vários pontos do processo de recrutamento. Alguns se desligaram quando mencionei que seriam entrevistados e a entrevista seria gravada (infelizmente, eles nem sempre eram informados sobre esse processo pelo encaminhador). Alguns recaíram antes do nosso encontro, então não puderam ser entrevistados. Alguns outros mudaram de ideia e se desligaram por razões que eu desconhecia, o que muitas vezes era frustrante.

Eu sabia, por experiência própria e observação, que os nepaleses podem ser extremamente curiosos sobre os sucessos e fracassos de outros nepaleses. Era uma regra de interação social normal e aceitável. Portanto, eu esperava que as pessoas estivessem interessadas em aprender sobre minha profissão e posição como pesquisador. Minha profissão (de Psicologia Clínica) era desconhecida para muitas pessoas, o que potencialmente me tornaria menos confiável. Muitos presumiram que eu era um psiquiatra estagiário, o que novamente parecia ser uma possibilidade preocupante para eles (talvez eles achassem que eu tentaria medicá-los ou interná-los no hospital). Infelizmente, por não poder entrevistar esses participantes, não consegui explorar isso mais a fundo e, portanto, posso ter perdido um insight importante.

Na minha tentativa de alcançar indivíduos difíceis de alcançar e estudar os motivos pelos quais as pessoas não buscavam apoio externo, decidi não recrutar usando serviços de saúde mental baseados no National Health Service (NHS). Em retrospecto, sinto que meu estudo pode ter sido limitado por essa decisão. Primeiro, sinto que na segurança do NHS eu poderia ter encontrado participantes mais dispostos; como eles já estavam buscando apoio, eles poderiam estar mais familiarizados em falar sobre seus problemas. Posso ter sido capaz de explorar as jornadas que as pessoas fizeram desde o reconhecimento de que algo estava errado até acabarem sob os cuidados de um serviço, bem como fazer perguntas sobre sua experiência de tratamento. Considero que esta é uma possível via para pesquisas futuras.

Como psicólogo clínico estagiário acostumado a conduzir avaliações psicológicas, tive que trabalhar duro para garantir que não estava adotando um estilo terapêutico de entrevista, especialmente porque os participantes estavam falando sobre sua experiência de sofrimento psicológico. Garanti que esse não fosse o caso usando os seguintes procedimentos: obtendo feedback de colegas após uma sessão de prática de entrevista, lendo sobre habilidades de entrevista em livros qualitativos relevantes, por meio de - reflexão (em ação) durante a entrevista, ouvindo novamente as fitas após cada entrevista para aprender com elas e, finalmente, por meio de conselhos e feedback do meu supervisor. Foi difícil renunciar totalmente a um estilo terapêutico de interação com pessoas em sofrimento, pois depois de quase 3 anos de treinamento em psicologia clínica , eu estava acostumado a fazer perguntas de uma certa maneira, por exemplo, usando questionamentos no estilo socrático. Portanto, é possível que meu estilo de entrevista tenha impactado o que os participantes compartilharam comigo. Além disso, alguns dos participantes, especialmente aqueles que eram conhecidos por mim, estavam cientes do meu papel terapêutico juntamente com meu papel como pesquisador. É possível que isso tenha impactado o que eles escolheram me dizer na entrevista.

Eu me pergunto se, apesar dos meus esforços para não impor nenhuma das minhas visões pessoais, suposições e conhecimento prévio sobre a cultura nepalesa aos participantes, eu não teria sido capaz de impedi-los de me ver como outra pessoa nepalesa com um conjunto de crenças compartilhadas. Com uma suposição de que eu já sei o que eles sabem, talvez os participantes às vezes não me explicassem certos comportamentos e atitudes específicos da cultura. Sempre que identifiquei esse processo durante a entrevista, solicitei aos participantes que elaborassem mais, embora eu imagine que não fui capaz de fazer isso em todas as ocasiões. Portanto, isso poderia ter impactado o tipo de dados que foram coletados e as interpretações que fui capaz de fazer a partir dos dados.

Capítulo 3 Resultados

Embora os participantes deste estudo tenham variou em contexto demográfico, os dados produziram certas semelhanças. No geral, um tema mestre foi desenvolvido: *ver a saúde mental de forma diferente* .

O tema mestre abrangente de *ver a saúde mental de forma diferente* se refere a toda a variabilidade nas interpretações que os participantes fizeram sobre suas dificuldades pessoais e seu impacto sobre eles como pessoa, já que isso não era o mesmo para todos. Além disso, se refere à variabilidade em sua conceituação de saúde mental. Também se refere à variabilidade em como eles reconheceram e responderam ao seu problema, bem como a maneira como eles administraram o envolvimento de sua família e da comunidade em geral. Para ajudar a explicar esse tema mestre, três temas são totalmente desenvolvidos abaixo. São eles: 'Compreendendo a saúde mental', ' Reconhecendo e resolvendo problemas: foco em si mesmo e nos outros' e 'Proximidade e escapismo: foco na família e na comunidade'.

Compreendendo a saúde mental.

Os participantes conceituaram saúde mental ou problemas de saúde mental de várias maneiras, dependendo de sua experiência e compreensão pessoal.

Uma participante se referiu à sua experiência de depressão como um tipo de doença física que afeta o cérebro e causa dor.

> *Meu cérebro estava doendo, estava doendo fisicamente (Shreya)*
>
> *Meu cérebro estava todo químico e eu estava realmente doente (Shreya)*

Shreya, com sua experiência de ter um tio psiquiatra e intervenção terapêutica privada, tinha uma compreensão amplamente médica de suas dificuldades, especificamente

reconhecimento de que ela estava lutando porque seus produtos químicos cerebrais não estavam funcionando adequadamente. Entender sua dificuldade como um problema do cérebro fez com que ela se rendesse involuntariamente ao que ela entendia como uma doença para toda a vida:

> *Quando entro em depressão, você simplesmente sabe, é quase como ter um derrame, é uma coisa neurológica (Shreya)*

Quando Jitendra fala sobre sua luta contra o vício em drogas, ele chama a atenção para o fato de seu cérebro controlar o vício por meio da contaminação:

> *...fazer quilling com drogas é uma das coisas mais difíceis que alguém pode enfrentar, está no seu sangue e no seu cérebro (Jitendra)*

Há uma implicação de que ver o "cérebro" como o foco de seu problema permite que Jitendra retire a responsabilidade pessoal de seus comportamentos e aja de acordo com as decisões de seu "cérebro".

Anju também considera a função cerebral como um componente de ' dimak ko samasya

' ou problemas de saúde mental. No entanto, para ela, há uma necessidade de enfatizar que a capacidade mental ou a função cerebral não são perdidas por problemas de saúde mental. Devido à sua experiência de testemunhar pessoas mentalmente doentes sendo abusadas e tratadas como se não tivessem mais um cérebro, ela parece desejar fortemente que não seja vista da mesma forma e sujeita ao mesmo tipo de abuso:

> *...mas você sabe que até mesmo uma pessoa louca ainda tem um cérebro, mas porque elas ouvem vozes e ficam com raiva de si mesmas, mas se as pessoas as ouvissem ... se você as ouvisse, talvez você também entendesse de onde elas vêm.*

Alguns participantes relacionaram a saúde mental ao medo da loucura ou à aceitação de que eram "loucos" por um período de tempo. Por exemplo, Anju admite que ficou "louca" depois de me explicar, longamente, como " dimak ko samasya " (saúde mental), para ela, significa essencialmente ficar louca.

> *Eu também fiquei paagal (louco) há algum tempo (Anju)*

Para ela, ser "louca" significa que uma pessoa perdeu o autocontrole, é vulnerável a abusos verbais e físicos por outros e provavelmente acabará sem teto. Ela parece ter desenvolvido essas ideias após observar pessoas no Nepal sendo rotuladas por outros como "loucas"

> *No Nepal, vi muitas vezes pessoas atirando pedras e batendo nelas. Agora, se alguém é louco , eles dizem todo tipo de coisas, mas outras pessoas que não são loucas não percebem por que a pessoa está dizendo essas coisas, elas nem percebem o que a pessoa louca está passando... (Anju).*

Curiosamente para ela, sua experiência pessoal de se tornar "louca" a levou a desconstruir a palavra e reformular sua compreensão dela. É possível que ela acredite que foi salva de todas as coisas ruins que poderiam ter acontecido com ela, se tivesse passado pelos mesmos problemas no Nepal em vez do Reino Unido. É possível que ela sinta que sua jornada de recuperação lhe deu uma visão sobre uma condição que era misteriosa para ela, bem como uma oportunidade de desenvolver novas ideias e atitudes em relação à doença mental.

> *...ser louco não significa que você fez algo errado, eles não fizeram nada errado de verdade, mas agora eu sei que é porque eles estão ouvindo coisas. (Anju)*

Shreya também se refere a uma sensação de loucura, mas para ela isso está relacionado à impressão que os outros têm dela.

> *... As pessoas me disseram que eu sou louco. Tio e tias me disseram que eu sou louco, como se você tivesse ido embora completamente (Shreya)*

Curiosamente, Shreya está descrevendo o tipo de resposta que Kalpana teme enfrentar se revelar informações sobre sua depressão. Para Kalpana, há um medo intenso e avassalador de loucura, em grande parte em termos de como ela seria percebida pelos outros. Seu medo de ser socialmente identificada como "mentalmente instável" é tão imenso que a impediu de buscar ajuda, apesar de querer.

> *Eu queria falar com um terapeuta ou algo assim... mas acho que as pessoas julgam você e dizem que você é mentalmente estável, você não deve ser*

mentalmente estável se você vai ver um terapeuta, hum, talvez isso tenha nublado meu julgamento (Kalpana)

Gita adotou principalmente um estilo observacional ao descrever a maneira como os nepaleses não tinham muitas palavras para descrever a saúde mental ou pareciam não ter um termo equivalente para ela. Sua sugestão foi que era por essa razão que as pessoas escolhiam descrever alguém que parecia estranho ou doente mental como ' paagal ' (louco). Para Gita, há implicações sociais mais amplas no uso da palavra 'louco'. Por exemplo, ela reconhece que sua anterior falta de consciência sobre problemas de saúde mental era resultado de sua criação no "sistema nepalês", reconhecendo , por sua vez, o sistema como problemático e um obstáculo para soluções apropriadas.

... alguns anos atrás eu não tinha ideia sobre isso porque eu fui mais ou menos criado nos sistemas nepaleses e na maneira nepalesa de lidar com a saúde mental ou na percepção nepalesa de saúde mental, que não tem termo ou equivalente , uhh, é uhhh, é basicamente como se alguém fosse louco ou louco ou não (Gita)

Na declaração acima, ela também destaca o pensamento preto e branco sobre como alguém é louco ou não. Ela está sugerindo que não há reconhecimento de que as pessoas podem ter diferentes gravidades de dificuldades de saúde mental ou que há esperança de recuperação, o que torna a ideia de ficar "louco" incrivelmente ameaçadora.

Os participantes também ofereceram teorias sobre o que causou seus problemas. Alguns participantes perceberam a saúde mental como resultado de um acúmulo de preocupação excessiva e incontrolável sobre eventos estressantes da vida. Por exemplo, Anju reflete sobre como ela ficou "louca" porque não conseguia parar de se preocupar com seus problemas e era incapaz de compartilhá-los com os outros. Assim, para ela, foi um acúmulo de preocupações e a sensação de não ser capaz de parar que a levou a ter experiências incomuns.

Comecei a me preocupar com todas essas coisas repetidamente e queria chorar por causa disso, tínhamos todos esses problemas em casa e também não tínhamos muito dinheiro, o que estava me deixando mais preocupada... Comecei a ouvir todas essas coisas, quando as pessoas estão sempre pensando e pensando e se preocupando e se preocupando, parece que elas mesmas começarão a ouvir coisas, como uma pessoa louca (Anju)

Kalpana também se refere a uma experiência de não conseguir parar de pensar como a chave para piorar seus problemas. Ela descreve fazer várias tentativas de remover os pensamentos de sua mente como uma forma de encontrar alívio para seus problemas:

.. Eu fiz coisas ridículas e estúpidas só para tirar minha mente disso (Kalpana)

Há um sentido na descrição de Kalpana de que pensar sobre os problemas os torna reais, então eles devem ser removidos da consciência. Isso parece derivar de seu comportamento com sua família, onde ela se sente incapaz de expressar abertamente sua tristeza ou preocupações. Ao fazer isso, ela parece ter desenvolvido uma tendência a suprimir suas emoções e distrair sua mente, fazendo-a acreditar que está lidando com seus problemas. Para ela, não se lembrar de um problema é o mesmo que não tê-lo.

Eu teria agido na frente dos meus pais como se estivesse bem... Acho que agir como se estivesse bem me ajuda pessoalmente (Kalpana)

Participantes como Gita e Anju têm uma maneira de descrever suas dificuldades que pode ser específica de seu país de origem. Gita explica que "tensão" é um termo comumente usado por nepaleses para descrever vagamente a experiência de estresse. Ela descreve como perceber "tensão" se torna uma maneira de identificar e comunicar a experiência de uma luta interna. Gita percebe que, embora a tensão seja comumente usada e provavelmente facilmente compreendida, é uma terminologia não específica que tem risco potencial de não ser muito útil para elucidar qual é o problema real. Assim, "tensão", se mal compreendida e não resolvida, pode levar alguém a ficar " paagal " ou "louco":

...se esse problema (que leva à 'tensão) tivesse sido resolvido, eles poderiam ter soluções que não foram percebidas, por isso eles são deixados para lidar com isso sozinhos, e isso pode piorar e realmente torná-los pagãos (Gita)

...quanto mais você continua sentindo tensão e pensando em todas as coisas ruins que estão acontecendo, as pessoas começam a ficar loucas (Anju)

Há uma implicação de que a tensão ou preocupação é um tumulto interno que pode sair do controle até se manifestar como uma mudança comportamental , problema de saúde mental ou física. É nesse ponto que se torna visível para o mundo exterior observar, comentar e influenciar.

Eu disse ao tio que eu estava sendo alvo e que seria morto e o tio do exército deve ter pensado que eu tinha perdido a cabeça (Anju)

...a preocupação, o estresse ou a tensão continuam aumentando e fazem com que alguém tenha dores de cabeça, febre, não consiga dormir ou comer. (Gita)

Além disso, há uma sensação de que a "tensão" é administrável, pois pode ser escondida, resolvida ou ignorada. Por outro lado , "loucura", por razões que nem sempre podem ser escondidas, ignoradas ou silenciosamente resolvidas, é vista como mais problemática e menos administrável pessoalmente. Uma vez que você é conhecido por ser louco, então sua vida é pensada para estar à disposição dos outros. Há muita incerteza e medo sobre o que vai acontecer com você quando você estiver mentalmente doente.

Muitos dos participantes mencionam o papel dos problemas de saúde física, seja como uma forma de reconhecer que um problema existia ou como uma rota para buscar ajuda para sua angústia. No caso de Shreya, ela viu vermes em suas fezes que os médicos não conseguiram explicar. Somente quando a causalidade era impossível de decifrar e suspeitas sobre a alucinação do participante eram levantadas, a possibilidade de problemas de saúde mental era considerada. No caso de Kalpana , quando os médicos não conseguiam encontrar nenhuma causa médica para as herpes labiais em seu rosto, o estresse era vagamente sugerido como a causa, o que Kalpana também prontamente aceitou.

...o (médico) apenas disse que era uma explosão bacteriana que seu corpo está mostrando porque seu sistema imunológico está muito fraco porque eu não estava comendo direito e estava muito estressado (Kalpana)

Gita menciona sentir enxaquecas intensas e dores no pescoço após períodos de estresse ou tensão crônica, o que era difícil de ignorar:

> *Acho que chega a um ponto crítico quando você está realmente sofrendo com uma febre muito forte e você simplesmente desmaia. Tenho dores de cabeça muito fortes na parte de trás da cabeça que podem ser o resultado de me forçar a, você sabe, não desligar (Gita)*

É possível que os participantes sejam mais receptivos, mais dispostos a discutir e buscar ajuda urgente para mudanças corporais em comparação com sofrimento psicológico ou emocional. Há uma sensação de que os participantes atribuíram a responsabilidade por problemas de saúde física aos médicos, enquanto em questões de bem-estar mental ou psicológico, a autoresponsabilidade foi assumida.

> *....sim, 2,3 meses eu lutei muito, fui ao médico, tive que ir ao A&E , hum, porque eu tinha herpes labial por todo o meu rosto (Kalpana)*

Reconhecer e resolver problemas: foco em si mesmo e nos outros

O segundo tema principal é sobre o processo de reconhecer problemas e lidar com eles, por meio da autoconsciência, da autoajuda e da interação com os outros.

Todos os participantes da pesquisa chamaram a atenção para o quão bem eles se conhecem e seu senso de si. Isso parece ser importante na jornada que eles passaram com suas dificuldades pessoais. Por exemplo, Jitendra investiu muita energia, foco e tempo em se consertar, tornando-o muito consciente de seus próprios pontos fortes e fracos. Poderia ser sugerido pela maneira como ele fala sobre o nascimento de seu sobrinho como um evento transformador de vida, que ele próprio passou por um renascimento e criou uma autoimagem renovada:

> *Meu sobrinho nasceu e naquela fase quando eu vi um garotinho e eu fiquei realmente comovido você sabe eu não sei o que aconteceu algo veio de dentro que OK já chega para as coisas mudarem eu tenho que mudar... Eu queria ser um bom exemplo para meu sobrinho porque durante toda a minha vida eu fui um mau exemplo (Jitendra)*

Shreya parece ver seu eu interior como frágil e irreversivelmente danificado. Esta é uma realização dolorosa para ela, evidente na maneira como a leva às lágrimas:

> *...o dano emocional já foi feito... Não consigo me recuperar totalmente, sabe, quando você é de uma certa maneira durante toda a sua vida, eu senti que nunca poderia melhorar (Shreya)* Shreya ainda compara seu senso de autofragilidade a ser "fraco", "sensível" e carente

" inteligência emocional ". Para ela, esses são os atributos pessoais que a tornam vulnerável a dificuldades de saúde mental. Ela também vê seu encontro com dificuldades de saúde mental como evidência de fracasso pessoal. No entanto, quando ela começa a revelar como as pessoas no Nepal a trataram por ficar doente, parece que seu senso de fracasso pessoal pode ter sido imposto a ela pela maneira como os outros responderam a ela:

> *...essa nem foi a parte mais difícil, foi voltar para o Nepal depois e a reação de outras pessoas, pessoas que tinham uns 20 e 30 anos vieram para me visitar no Nepal para me verem falidas, isso faz algumas pessoas se sentirem melhor quando outras pessoas não estão felizes, isso as faz se sentirem melhor, as pessoas pensavam: "Ela foi para Londres quando era criança e agora está de volta, muito doente, que decepção, que fracasso" (Shreya)*

A passagem acima cria uma imagem de pessoas comparecendo a um funeral para lamentar o fim da vida de Shreya. É possível que tenham sido essas reações que a deixaram sentindo que ela estava danificada.

Shreya na verdade faz comparações, um tanto indiretamente, entre a maneira como as pessoas no Nepal e aquelas no Reino Unido responderam às suas dificuldades de saúde mental. Ela reconhece que no Reino Unido ter depressão pode causar rejeição por outros, especialmente quando você se afasta deles:

> *Quando você está muito triste, você simplesmente não quer sair com as pessoas, então elas meio que se afastam de mim (Shreya)*

No Nepal, no entanto, a depressão atrai atenção social, ainda que negativa:

> *...pessoas vieram como 20 e 30 anos para me ver no Nepal para me visitar (Shreya)* Há uma sensação de que ela despreza ambas as respostas culturalmente motivadas, sentindo - se vitimizada e estigmatizada em ambas, embora de maneiras bem diferentes. No Nepal, ela foi feita para se sentir danificada e no Reino Unido, ela foi feita para se sentir indesejada. Sentir-se atormentada por ambas as culturas faz Shreya questionar onde ela pertence, levando-a a se posicionar longe de ambas as culturas e encontrar conforto em se localizar em uma categoria completamente diferente, uma categoria que é desprovida de identidade cultural.

> *Eu não me encaixo naquela cultura (nepalesa), não sinto que me encaixo, também não sinto que me encaixo totalmente no Ocidente, então agora sinto que me encaixo com os poetas, os artistas e os maníaco-depressivos como Robin Williams... (Shreya)*

Kalpana e Gita, por outro lado, parecem ter uma autoimagem mais positiva, que se torna uma base de quão bem elas reconhecem as dificuldades dentro de si mesmas e tambem como decidem responder às suas dificuldades. Kalpana se refere a uma regra que ela adotou para preservar um senso positivo de si mesma:

> *Eu nunca choro e peço ajuda a outra pessoa se eu puder fazer isso sozinha ou se estiver passando por algo (Kalpana)*

Esta regra é importante porque afeta sua capacidade de reconhecer o impacto de sua depressão. Ela é movida por regras de que ela deve ser mentalmente forte e lidar com problemas emocionais sozinha.

Gita também parece ter uma necessidade de ser autossuficiente, o que tem um impacto em como ela lida com o estresse e as dificuldades emocionais. Ela abriga uma autoexpectativa de que deve lidar com seus problemas sozinha e não buscar apoio de outros. É possível que suas enxaquecas sejam um resultado desse padrão de resposta ao estresse.

> *Acho que sempre lidei com minhas próprias preocupações e problemas, sempre fazendo isso sozinha e não falando com as pessoas sobre isso (Gita)*

Jitendra também demonstra uma necessidade de resolver seus próprios problemas. Ele fala sobre achar os serviços de drogas e álcool que estavam disponíveis para ele como ineficazes e inúteis, levando-o a tratar seu próprio vício em drogas. Além disso, ele pareceu sentir um grande senso de responsabilidade pessoal em relação ao seu próprio desenvolvimento.

> *...o problema é que os serviços estão lá, todo mundo sabe sobre eles, certo, mas eles simplesmente não os usam, só quando são pegos pela polícia e então, assim que param de usá-los e deixam o serviço, eles voltam para as drogas novamente (Jitendra)*

> *...Agora eu entendi que nada é fácil na vida, se vale a pena ter algo, você tem que lutar por isso, ninguém vai te dar (Jitendra)*

Parte de ser autoconfiante parece envolver manter os problemas escondidos dos outros. É possível que essas tendências sejam um reflexo das crenças culturais dos participantes. Por exemplo, Kalpana explicou que ela escondeu sua depressão dos outros para se proteger do julgamento; ela claramente sente que o julgamento e o estigma associados a problemas de saúde mental são uma ocorrência comum dentro da comunidade e, portanto, é natural que ela queira preveni-los.

> *... é apenas o jeito que nossa sociedade é, eu acho que assim como nossa sociedade nepalesa, temos esse preconceito em nossa cabeça de que obter ajuda significa apenas que você é mentalmente instável, é por isso que você está obtendo ajuda (Kalpana)*

Anju atribui sua incapacidade de compartilhar sua dor com os outros como algo pertencente ao modo de vida nepalês:

> *Os nepaleses costumam fazer isso muito, eles não costumam contar aos outros se estão tendo problemas, quero dizer, é estranho contar, não é? (Anju)*

Ela descreve ainda sentir-se preocupada por não ser compreendida, por ser sujeita a fofocas ou até mesmo maltratada por compartilhar suas vulnerabilidades. Assim, o segredo sobre sua saúde mental se torna uma estratégia para preservar uma imagem pública positiva e autoidentidade:

> *Eu fico preocupada se os outros vão entender meus sentimentos ou não, se eles entendem o suficiente, mas se não entenderem, isso só piora as coisas, e se eles disserem coisas duras para você ou rirem de você? Algumas pessoas iriam tirar sarro de você e fofocar sobre você , uhh, então, realmente, qual é o sentido de contar às pessoas seus problemas (Anju)*

Gita descreve sua experiência com os membros " críticos " e "intrometidos" da comunidade influenciando suas decisões sobre o que ela diz a quem, onde na maioria das vezes ela sente que tem que mentir para proteger a si mesma e sua família do julgamento e abuso de outros:

Eu posso sentir que eles já estão pensando nos meus pais, eles estão sendo críticos como "oh, tendo se mudado, que efeito você teve sobre seus pais" (Gita)

Proximidade e escapismo: foco na família e na comunidade

Este tema se refere ao conflito e à angústia resultante que os participantes vivenciam entre os valores ensinados por seus pais, relacionados à sua tradição étnica, e aqueles que eles adotaram da cultura majoritária. O conflito, por sua vez, parece contribuir para a luta dos participantes com a saúde mental. Para alguns, causa angústia, enquanto para outros se torna uma fonte de ajuda ou motivação para superar seus problemas de saúde mental.

Shreya descreveu um desejo de se libertar dos laços familiares, mas estava debilitada com um grande sentimento de culpa. Ela culpou a cultura nepalesa por alimentar os sentimentos de culpa dentro dela:

Não é socialmente aceito não gostar da sua família porque o povo nepalês lembra você que sua mãe fez isso por você e aquilo por você, então você se sente mais culpado além do que você já tem... (Shreya)

Parte da luta vivenciada pelos participantes na tentativa de equilibrar as duas culturas vem de seus sentimentos de obrigação para com a família. Eles descrevem o "sacrifício" que seus pais fizeram por eles, como se estivessem de alguma forma em dívida com eles.

... então o pensamento da minha família veio à minha cabeça e eu estava pensando que meus pais estão lá, eu tenho que deixá-los orgulhosos, eles fizeram tanto por mim e eu tenho que fazer esse exame e voltar para casa para meus pais e deixá-los orgulhosos, então, assim que o pensamento dos meus pais veio, acho que foi isso que me ajudou muito, eu sabia o que precisava fazer (Kalpana)

A implicação aqui é que Kalpana considera seu dever retribuir o sacrifício dos pais, neste caso por meio de conquistas acadêmicas. Ela considera que a "depressão" a está impedindo de cumprir seus deveres, o que a leva a superá-la.

Jitendra, por outro lado, parece menos afetado pelos desejos e pressões dos pais para parar de usar drogas, embora ele culpe o efeito das drogas. Ao contrário de Kalpana, ele parece menos certo de que a motivação para lutar contra o vício veio de sua família.

.. Mas acho que já tive o suficiente daquela vida, essa é a parte principal, não ter meus pais felizes era a outra parte, mas obviamente você não se importa quando está usando drogas. Eu nem tenho 100% de certeza do que veio de dentro, mas tipo quando meu sobrinho nasceu, foi nessa época que eu realmente comecei a parar (Jitendra)

Parece que os pais também são os principais tomadores de decisão na família, o que significa que as decisões relacionadas à saúde mental também são tomadas pelos pais, independentemente da idade dos filhos. Isso tem o potencial de criar mais conflitos entre a necessidade de autocontrole dos participantes e seu senso de obrigação em relação às escolhas parentais. Shreya menciona ter sido levada para um hospital de saúde mental na Índia para tratamento sem qualquer oportunidade de protestar ou recusar a decisão. Em vez disso, ela silenciosamente abrigou sentimentos de ressentimento pelo fato de que as decisões foram tomadas em seu nome, enquanto ao mesmo tempo se sentia triste por sua incapacidade de ir contra seus pais.

> *Eu não quero ir para o Nepal porque quando eu tive um dos meus períodos ruins, um dos meus surtos (depressivos), fui enviada para a Índia para tratamento... meu Deus, se eu sobrevivi a isso, posso sobreviver a qualquer coisa (Shreya).*

Os participantes refletem ainda mais sobre as pressões de navegar em duas culturas ou sistemas de crenças que se contradizem amplamente. De um lado está a cultura britânica que promove a independência e o individualismo, e do outro lado está a cultura nepalesa que espera dependência e submissão às escolhas dos pais sobre educação e casamento. Em tentativas de administrar o conflito intercultural, os participantes parecem conduzir sua exploração da cultura dominante em segredo. Esse comportamento parece ser motivado pelo medo de que seus pais não entendam suas escolhas, que isso os aborreça ou que eles possam ser punidos por se desviarem de seus valores tradicionais

> *.... Eu saía para shows de rock... mas diziam que era aniversário de alguém e eu não contava a verdade e isso realmente me machucava porque eu mentia o tempo todo só para poder socializar (Shreya)*

Parece que os pais enfatizam a importância de manter os valores tradicionais fora do Nepal. Espera-se que as crianças participem da tentativa de toda a família de preservar os sistemas de crenças de seu país de origem. Quando os participantes desejam se comportar fora das expectativas dos pais, eles são dominados pelo medo e pela culpa, o que aparentemente contribui para sua luta com problemas de saúde mental. Por exemplo, Gita descreve sentir-se extremamente preocupada em contar à família sobre sua decisão de se mudar, paralisada pela consciência de que isso não era permitido e poderia trazer vergonha para sua família, causando-lhe imenso estresse.

> *Eu já tinha tido a ideia de me mudar, mas então foi difícil para mim, você sabe como eu abordo o assunto com o que eu digo ou mesmo convencê-los (pais) sim, que razões eu poderia dar a eles para convencê-los e mesmo se eles dissessem sim ao mesmo tempo eles estariam preocupados com o que as outras pessoas pensariam, o que a sociedade pensaria porque vivemos em uma comunidade muito unida onde todos se conhecem por causa das conexões do exército (Gita)*

Ela destaca que, quando finalmente sai de casa, é acusada de cometer o ato vergonhoso de escapar do compromisso e da responsabilidade familiar:

> *...você poderia ter economizado esse dinheiro e ajudado seus pais... eles acham que 'ela está tentando fugir dos laços e responsabilidades familiares (Gita)*

Parece que permanecer ligado à família e à comunidade tem consequências importantes quando se trata de gerenciar problemas. Os membros da família parecem assumir a responsabilidade de resolver os problemas uns dos outros. No Nepal, há famílias extensas que compartilham a responsabilidade entre si pelo bem-estar da família. Morando no Reino Unido, muitas dessas famílias são privadas dessa extensão e, portanto, a unidade familiar menor agora tem que cuidar uns dos outros. Vemos isso no caso de Anju, que descreveu a dificuldade que sua mãe enfrentou em não saber o que estava "errado" com sua filha e como ajudá-la:

> *...estamos em um país estrangeiro, um país desconhecido, ela não sabe a quem perguntar, onde procurar ajuda, ela costumava dizer: a quem posso perguntar o que há de errado com minha filha (Anju)*

Viver em uma área densamente povoada por nepaleses significou que sua mãe conseguiu localizar um sacerdote espiritual para ajudar a "remover os maus presságios", uma forma de tratamento praticada rotineiramente no Nepal e considerada a mais eficaz para se livrar de problemas de saúde mental.

> *... então ela perguntou (ao meu pai) onde ela poderia encontrar essas pessoas que lidam com espíritos e maus presságios, então minha mãe foi vê-lo em [nome do lugar]. então minha mãe foi lá e fez uma verificação no meu horóscopo (Anju)*

Como as famílias têm um papel tão importante em encontrar soluções para os problemas, fica claro por que os participantes estão em conflito com a necessidade de se separarem da família e a necessidade de permanecerem próximos. Quando os pais não podem ajudar, uma pessoa de confiança da comunidade nepalesa, uma extensão potencial da família, pode ajudar . Esse foi o caso de Anju, que decidiu buscar ajuda de alguém na comunidade após testemunhar violência em casa.

> *.... Fiquei realmente assustado, então subi para o meu quarto e havia uma varanda do lado de fora do meu quarto. Fui lá e chamei esta didi nepalesa (irmã) que tinha me ajudado antes, ela chamou a polícia e a polícia veio, outra nepalesa didi veio com a polícia (Anju)*

Uma comunidade de nepaleses poderia desempenhar o papel de ser uma família grande e extensa, em termos de compartilhamento e resolução de problemas de saúde mental, incluindo sinalização para o serviço relevante. No entanto, isso representa um dilema porque a ajuda pode ser oferecida por membros da comunidade, mas às custas de potenciais fofocas, desaprovação e estigma.

> *...eles falam um do outro, é muito negativo. Acho que eles não ajudam, então quem se importa com a comunidade? Eles não ajudam você de qualquer maneira (Shreya)*

Capítulo 4 Discussão

Este estudo qualitativo é um dos primeiros a explorar como os jovens nepaleses que vivem no Reino Unido percebem questões relacionadas à "saúde mental" com base em sua experiência. O estudo mostrou alguma variação de percepções, mas a maioria dos participantes associou a saúde mental à loucura (ou especificamente, à loucura). Essa descoberta se encaixa com os comportamentos e percepções observados entre os nepaleses que vivem no Nepal (Regmi *et al* , 2007), apresentando uma situação em que as percepções migraram junto com as pessoas. A descoberta também se correlaciona com pesquisas relacionadas a outros grupos étnicos minoritários do Reino Unido. Por exemplo, Bradby *et al* (2007) estudaram as atitudes entre famílias do sul da Ásia cujo filho estava sendo tratado por um serviço de saúde mental infantil e adolescente e descobriram que a doença mental estava associada ao medo de fofocas sobre loucura, o que, por sua vez, serviu como um impedimento para a busca de ajuda além de familiares próximos. Os resultados do estudo também destacaram o papel de outros membros da família em influenciar a percepção do próprio jovem sobre suas dificuldades e sua atitude em relação à busca de ajuda (discutido mais adiante), o que se encaixa com estudos no Nepal que destacam as consequências negativas da doença mental tanto para o paciente quanto para seus familiares, levando à estigmatização (percebida e real), rompimento de relacionamento entre os membros da família e evitação da busca de tratamento (relatório OMS-AIMS, 2006; Regmi *et al* , 2007; Neupane *et al, 2016).*

Alguns participantes deste estudo pareciam estar condicionados a um medo de estigma, fofoca e identidade estragada, que são comumente associados a doenças mentais por grupos étnicos minoritários (Bradby *et al.* , 2007, Time to change report, 2010). Tais medos de julgamento negativo, ridículo e fofoca por outros resultaram em participantes sofrendo em silêncio, tornando-se autossuficientes e/ou ignorando seus problemas. Isso pode ser um resultado baseado na cultura, uma vez que se diz que a cultura influencia a extensão em que um eu interno e externo é desenvolvido a partir de relacionamentos com os outros e a instituição social (Markus & Kitayama, 1991). Uma participante feminina em particular, no entanto, tinha uma percepção não tradicional e predominantemente medicalizada da saúde mental, vinculando seus sintomas de depressão a uma doença e disfunção cerebral. Esta participante também viveu no Reino Unido por mais tempo, então isso pode ser visto como uma percepção bastante ocidentalizada. No entanto, outros estudos qualitativos mostraram que mulheres sul-asiáticas do Reino Unido tendem a atribuir seus sentimentos de depressão a uma "doença" (Fenton & Sadiq-Sangster, 1996; Burr & Chapman, 2004), então é mais provável que seja uma expressão de sintomas depressivos entre pessoas originárias do sul da Ásia. Estudos futuros também podem explorar a maneira como os nepaleses expressam dificuldades específicas de saúde mental para encontrar semelhanças específicas da cultura na maneira como a dificuldade se manifesta, o que pode, por sua vez, ser usado para adaptar avaliações e intervenções para problemas específicos de saúde mental.

Como o estresse e/ou sofrimento psicológico foram expressos surgiu como uma questão significativa no estudo. Especificamente, quando as emoções foram negadas, suprimidas e não reconhecidas, elas evidentemente se transformaram em problemas fisicamente perceptíveis, que foram recebidos com atenção imediata, comportamentos de busca de ajuda e/ou acesso a tratamento. Uma maneira de conceituar os fenômenos observados pode ser pensar nisso como uma tendência entre os participantes nepaleses neste estudo de somatizar ou expressar fisicamente seu sofrimento psicológico. Parece que pode haver uma prevalência maior de somatização em países asiáticos, em comparação com países ocidentais (Farooq *et al* ., 1995). Estudos anteriores mostraram que mulheres de comunidades do sul da Ásia do Reino Unido, incluindo mulheres nepalesas, tendem a somatizar seu sofrimento emocional (Casey, 2010; Hussein, Creed & Tomenson , 1997). Outro estudo descobriu que mulheres do sul da Ásia sentiam que ter sintomas físicos tornava uma visita ao clínico geral mais apropriada (Burr & Chapman, 2004). Alguns dos participantes deste estudo relataram medos de rejeição e estigma de outras pessoas, fazendo com que negassem ou suprimissem reações emocionais a eventos estressantes e evitassem comunicar abertamente sua angústia. Como resultado, eles eram mais propensos a expressar angústia psicológica de forma somática e a procurar ajuda médica quando acreditavam que seus problemas tinham uma causa e efeito físico. É possível que, ao expressar somaticamente seu sofrimento mental ou emocional, os participantes estivessem minimizando ou prevenindo respostas sociais negativas percebidas e reais, ou seja, a acusação de que são loucos, mentalmente instáveis ou preguiçosos. Por outro lado, a expressão somática de angústia pode ser recebida de forma mais positiva pelos outros, ou seja, por meio da empatia e da oferta de ajuda (Hwang, Myers, Abe-Kim & Ting, 2008) . Embora algum grau de expressão somática de sofrimento possa ser seguro ou socialmente aceito, qualquer doença mental caracterizada por mudanças comportamentais perceptíveis (por exemplo, esquizofrenia) tem maior probabilidade de ser vista negativamente tanto dentro quanto fora da família (Neupane *et al* , 2016 e Dalky , 2012, respectivamente), o que é uma observação feita também no estudo atual (ou seja, nas histórias compartilhadas por Anju e Shreya).

O dilema de navegar entre duas culturas parece ser prevalente no caso dos indivíduos nepaleses de primeira geração que participaram deste estudo, o que pode ser uma característica de ter uma identidade bicultural ou um sinal de bicultarismo . O bicultarismo se refere à identificação ou internalização por uma pessoa de duas culturas - a cultura étnica e a cultura dominante ou majoritária (Umana-Taylor, Yazedjian e Bamaca-Gomez, 2004). Investigações anteriores sobre esse construto revelaram que o bicultarismo é frequentemente falado em termos positivos e negativos: positivo, pois evoca sentimentos de orgulho e singularidade, e negativo, pois cria confusão de identidade e conflitos de valores (Phinney e Devich-Navarro, 1997; O'Hearn, 1998; Benet-Martinez e Haritos, 2005). Em consonância com isso, a maioria dos participantes deste estudo chamou a atenção para as dificuldades em navegar entre duas orientações culturais, muitas vezes contraditórias. No entanto, uma participante parecia mais orientada para sua cultura original e, em vez de lutar com o processo de identificação, achou difícil operar na nova cultura. Assim, apenas existir dentro ou entre duas culturas não faz com que os indivíduos se identifiquem com ambas. A definição de bicultarismo sugere que indivíduos biculturados são mais ou menos confortáveis e habilidosos em ambas as culturas, o que pode não ser o caso para todos os indivíduos. As diferentes categorias de aculturação propostas por Berry (1992, 1997), a saber, assimilado, integrado, separado e marginalizado, poderiam ser utilizadas para explicar essas diferenças individuais entre a experiência dos participantes das duas culturas.

No estudo atual, vimos que a maioria dos participantes regularmente se movia ou alternava entre sistemas de valores tradicionais e convencionais e comportamentos correspondentes . Quando não recebiam permissão para seguir a cultura convencional, eles continuavam sua busca em segredo, o que se tornou seu método (cheio de culpa) de responder aos dois sistemas de valores conflitantes. Schwatz e Unger (2010) apresentaram uma ideia que se encaixa no padrão acima. Para eles, um indivíduo com uma identidade bicultural amalgamará influências, valores e práticas de sua cultura étnica e da cultura majoritária. O resultado é um indivíduo que se identifica com ambas as culturas, mantém valores de ambas as culturas e também se comporta de maneiras consistentes com ambas as culturas. A maioria dos participantes do estudo atual parece ter misturado seus valores nepaleses de respeito e submissão a pais autoritários com ideias ocidentais de individualismo , sucesso pessoal, autodeterminação, independência emocional e desejo de resolver seus próprios problemas. No caso dos participantes deste estudo, os pais foram o fator mais influente neste processo. Em apoio a essa descoberta, um estudo descobriu que é a socialização étnica parental ou familiar - um processo pelo qual os pais ensinam ou expõem as crianças às tradições da cultura étnica da família - que leva à retenção de valores culturais étnicos entre crianças biculturais e ao surgimento de posições de aculturação integradas, assimiladas ou separadas nas crianças (Umana-Taylor, Bhanot & Shin, 2006). Assim, os pais podem decidir ou controlar ativamente como querem que seus filhos se aculturam. Se os esforços parentais para socializar as crianças forem muito intensos ou se entrarem em conflito com a influência da cultura majoritária, as crianças podem experimentar conflitos entre as duas culturas. Há vários pontos a serem aprendidos com este estudo que podem ser úteis para profissionais de saúde mental (em serviços de saúde mental, públicos e privados) que trabalham com jovens adultos da comunidade nepalesa. Por exemplo, uma razão que foi atribuída à causa de problemas de saúde mental foi um acúmulo de preocupação, que se assemelha ao modelo de estresse-vulnerabilidade (Zubin & Spring, 1977) usado rotineiramente para explicar transtornos de saúde mental, como psicose e transtorno bipolar. Descobriu-se que a palavra "tensão" é comumente usada por nepaleses para descrever sofrimento mental ou desconforto emocional, o que aumenta sua vulnerabilidade a problemas de saúde mental. Alguns nepaleses podem se referir a problemas de saúde mental como " dimak ko samasya ". O conhecimento dessas palavras pode servir como uma ferramenta de comunicação útil e permitir que avaliações e intervenções de problemas de saúde mental sejam mais específicas da cultura.

Além disso, os profissionais podem se beneficiar de serem sensíveis à possibilidade de que os jovens nepaleses possam ter desenvolvido uma identidade bicultural, o que significa que eles podem ser influenciados, por um lado, por um medo da loucura inerente à cultura que compartilham com seus pais e, por outro lado, podem ter sido socializados em conceitos mais ocidentais de problemas de saúde mental. Os serviços precisam estar cientes de que, embora o jovem que eles estão tentando ajudar possa responder positivamente ao ponto de vista que estão oferecendo, isso pode estar em conflito com as crenças familiares do jovem em relação à saúde mental e ao tratamento de saúde mental, o que pode criar estresse adicional para o indivíduo e possível deterioração dos problemas de saúde mental. O jovem pode enfrentar pressão dos pais ou de outros familiares para preservar a reputação da família. Esse conflito de interesses ou crenças pode resultar no desligamento dos serviços, especialmente se os pais forem os tomadores de decisão na casa. Os serviços também devem ser cautelosos em não fazer suposições de que um provedor de saúde mental com etnia correspondente seria preferido por todos os nepaleses, pois isso pode variar de um indivíduo para outro. Como vimos no estudo atual, nem todos os nepaleses valorizam a ajuda de outros nepaleses. Além disso, como os nepaleses mais jovens são mais propensos a querer se ajudar em meio às dificuldades, eles poderiam se beneficiar do acesso a folhetos e recursos educacionais (por exemplo, programas de autoajuda); pesquisas futuras precisariam explorar onde esses recursos seriam mais adequadamente colocados e quão influentes eles seriam na melhoria do acesso ao tratamento de saúde mental apropriado.

Uma limitação do estudo foi a exclusão de jovens nepaleses que passaram pelos serviços de saúde mental no Reino Unido e, como resultado, receberam um diagnóstico de saúde mental e/ou tratamento por meio de serviços de saúde mental. Isso pode ter enriquecido a natureza dos dados coletados e oferecido uma visão mais variada das percepções que os nepaleses têm a oferecer ao falar sobre saúde mental. No entanto, isso pode ser uma direção para uma investigação mais aprofundada.

Outra limitação do estudo foi a perspectiva masculina mínima sobre questões de saúde mental; isso se deveu principalmente a dificuldades no recrutamento. Ter uma perspectiva mais masculina sobre o fenômeno estudado pode ter sido interessante. Pesquisas futuras podem ajudar a determinar maneiras mais eficazes de recrutar jovens nepaleses para fins de pesquisa em saúde mental; é possível que eles estejam mais dispostos a concluir estudos quantitativos em vez de se envolver no processo de entrevistas.

Por outro lado, uma força única do estudo reside no fato de que o pesquisador também era nepalês, o que significava que os participantes eram livres para falar em nepalês durante a entrevista para explicar conceitos em sua língua. Isso significava que descrições e interpretações que eram específicas da cultura eram mais facilmente captadas pelo pesquisador, em virtude de compartilhar a origem cultural com os participantes. Também tornou mais provável que a sensibilidade cultural e/ou a consciência das normas culturais fossem consideradas durante a entrevista e as interpretações. Deve-se notar que o estudo é um estudo original da perspectiva do povo nepalês entrevistado e as ideias do pesquisador não foram impostas à pesquisa. Este estudo também gerou maior conscientização das perspectivas dos participantes de um grupo étnico minoritário que são mais propensos a serem dissuadidos de compartilhar sua experiência de problemas de saúde mental devido a medos de vergonha, estigma e preocupações com sua reputação e/ou a de sua família.

Capítulo 5 Conclusão

Este estudo ilustrou que os jovens adultos nepaleses que vivem no Reino Unido têm diferentes perspectivas subjetivas sobre saúde mental, motivadas pela maneira como conceituaram sua experiência com sofrimento psicológico ou problemas de saúde mental, a maneira como reconhecem e lidam com seus sintomas por conta própria e/ou dentro da família, e sua experiência de viver dentro e fora do Nepal , bem como navegar pelas complexidades de culturas duais. O estudo não permite que generalizações sejam feitas devido à natureza do estudo, no entanto, muitos dos insights obtidos por meio das histórias dos participantes podem ser levados em consideração por profissionais de saúde mental que atualmente trabalham com indivíduos nepaleses ou gostariam de obter uma melhor compreensão da maneira como a saúde mental é percebida por diferentes grupos étnicos e como isso se relaciona com a maneira como eles lidam com seus problemas. As perspectivas compartilhadas no estudo também podem influenciar ou determinar pesquisas adicionais na comunidade nepalesa e/ou outros grupos étnicos minoritários do Reino Unido com relação à avaliação de problemas de saúde mental, melhoria do acesso a serviços e fornecimento de tratamentos ou modelos de serviço sensíveis à cultura para essa população em particular.

Referências

- Adhikari, AP, (2012). *Nepalis no Reino Unido: Uma Visão Geral* (pp 24-54). Reino Unido, RU: Centre for Nepal Studies

- Amani, S. (2012). *Explorando os fatores que afetam o acesso a serviços de saúde mental para a comunidade nepalesa em Rushmoor , North East Hampshire* . Reach Out Project. Recuperado em fevereiro de 2013, de http://www.rcn.org.uk/data/assets/pdf file/0008/507545/Sarah Amani Mary Seacol Award Report-Reach Out Project.pdf

- Benet-Martinez, V. & Haritatos , J. (2005). Integração da identidade bicultural (BII): componentes e antecedentes psicossociais. *Journal of Personality* , *73* (4), 1015-49

- Berry, JW (1992). Aculturação e adaptação em uma nova sociedade. *Migração Internacional* , *30* , 69-85

- Berry, JW (1997). Imigração, aculturação e adaptação . *Psicologia Aplicada* , *46* , 5-68

- Berry, JW (2005). Aculturação: Vivendo com sucesso em duas culturas. *International Journal of InterculturalRelations* , *29* , 697-712.

Bhugra D. (2001). Aculturação, identidade cultural e saúde mental. Em: Bhugra D,

Cochrane R (eds). *Psiquiatria na Grã-Bretanha multicultural* (pp:112-36). Londres,: Gaskell

- Bhugra D., Becker M. (2005). Migração, luto cultural e identidade cultural. *World Psychiatry, 4* , 18-24

- S. , Bhui ., K., et al (2011). Orientação da WPA sobre saúde mental e cuidados de saúde mental em migrantes. *Psiquiatria Mundial* , *10,2-10*

- Bhugra, D. & Jones, P. (2001). Migração e doença mental. *Advances in Psychiatric Treatment, 7* , 216-223.

- Bhui , K., Stansfeld , S., Hull, S., Priebe, S., Mole, F. & Feder, G., (2003). Variações étnicas em caminhos para e uso de serviços de saúde mental no Reino Unido: revisão sistemática. *British Journal of Psychiatry, 182* , 105-116.

- Bradby, H., Varyani , M., Oglethorpe, R., Raine,W . , White, I., & Helen., M. (2007). Famílias asiáticas britânicas e o uso de serviços de saúde mental para crianças e adolescentes: Um estudo qualitativo de um grupo difícil de alcançar . *Social Science & Medicine* , *65* , 2413-2424

- Burr, J. & Chapman, T. (2004). Contextualizando experiências de depressão em mulheres de comunidades do sul da Ásia: uma abordagem discursiva. *Sociologia da Saúde e da Doença, 26* (4), 433-452

- Bristow, K., Edwards, S., Funnel., Fisher, L., Gask ., Dowrick, C., & Graham, CC (2011). Busca de ajuda e acesso a cuidados primários para pessoas de grupos "difíceis de alcançar" com problemas comuns de saúde mental . *International Journal of Family Medicina* , *2011* , 1-10. doi : 10.1155/2011/490634

Casey, M. (2010). *Avaliação das necessidades de saúde da comunidade nepalesa em Rushmoor* .

Recuperado em fevereiro de 2013, de

http://www.rushmoorsp.com/pdfdocs/nepalihealthneedsassessmentoct2010.pdf

- Chun, C., Enomoto, K., & Sue, (1996). Problemas de assistência médica entre asiático-americanos: implicações da somatização. Em PM Kato & T. Mann (Eds.), Handbook of diversity issues in health psychology (pp. 347-365). Nova Iorque, NY: Plenum Press

- Dalky , HF (2012). Percepção e enfrentamento do estigma da doença mental: perspectivas de famílias árabes. Questões em Enfermagem de Saúde Mental

- Devkota, M. (2011). Saúde mental no Nepal: As vozes de Koshish . *Psicologia Internacional, Associação Americana de Psicologia, 22* (2), 7-9

- Farooq, S., Gahir , MS, Okyere, E., Sheikh, AJ, & Oyebode , F. (1995). Somatização : estudo atranscultural . *Revista de Pesquisa Psicossomática* , *39* (7), 883 888

- Fenton, S. & Sadiq-Sangster, A. (1996). Cultura, relativismo e a expressão de sofrimento mental: Mulheres do Sul da Ásia na Grã-Bretanha. *Sociologia da Saúde e Doença* , *18* (1), 66 -85.

- Gary, FA (2005). Estigma: barreiras ao cuidado de saúde mental entre minorias étnicas. *Issues in Mental Health Nursing* , *26* , 979-999.

- Hussein, N., Creed, F. e Tomenson , B. (1997). Circunstâncias sociais adversas e depressão em pessoas de origem paquistanesa no Reino Unido. *British Journal of Psychiatry* , *171,* 434-8

- Hwang, W., Myers, HF, Abe-Kim, J., & Ting, JY (2008). Um paradigma conceitual para entender o impacto da cultura na saúde mental: O modelo de influências culturais na saúde mental (CIMH). *Clinical Psychology Review, 28* , 211-227

- Jha, A. (2007). A Luta de um Psiquiatra Nepalês pela Evolução. *Psychiatric Bulletin* , *31* , 348-350

- Koneru VK, Weisman de Mamani, AG, Flynn PM, & Betancourt, H. (2007). Aculturação e saúde mental: descobertas atuais e recomendações para pesquisas futuras. *Psicologia Aplicada e Preventiva* , *12,* 76-96

- Liamputtong, P. (2010). *Realizando pesquisa qualitativa transcultural* . Reino Unido: Cambridge University Press.

- Markus, HR, & Kitayama, S. (1991). Cultura e o self: implicações para cognição, emoção e motivação. *Psychological review, 98* (2), 224-253.

Mistry, J. & Wu. J. (2010). Navegando em mundos culturais e negociando identidades: um modelo conceitual. *Desenvolvimento Humano, 53* (3), 5-25

Neupane, D., Dhakal, S., Thapa, S., Bhandari, PM, Mishra, SR (2016). Atitude dos cuidadores em relação a pessoas com doença mental e estigma percebido: Um estudo transversal em um hospital terciário no Nepal. PLoS ONE, 11(6) 1-12

- O'Hearn, CC (1998). Meio a meio: escritores sobre crescer birracial e bicultural.

Nova York: Pantheon Books

- Phinney, JS, & Devich-Navarro, M. (1997). Variações na identificação bicultural entre adolescentes afro-americanos e mexicano-americanos. *Journal of Research on Adolescence* , *7* , 3-32.

- Regmi, SK, Pokhrel, A., Ojha, SP, et al (2004). Perfil do país de saúde mental do Nepal. *International Review of Psychiatry* , *16* , 142-149

- Smith JA, Flowers P & Larkin M (2009). *Análise Fenomenológica Interpretativa: Teoria, Método, Pesquisa* . Londres: Sage

- Smith, J. & Osborn, M. (2003). Análise fenomenológica interpretativa. Em JA Smith (Ed.) *Psicologia qualitativa: Um guia prático para métodos de pesquisa* (pp.51-80). SAGE Publications Ltd, Londres: Sage

- Smith, JA & Osborn, M (2008). Análise Fenomenológica Interpretativa. Em JA Smith (Ed *) Psicologia Qualitativa.* Londres: Sage. (2ª Ed).

- Schwatz , SJ, & Unger, JB (2010). Bicultarismo e Contexto: O que é Bicultarismo e quando é adaptativo? *Desenvolvimento Humano* , *53* : 26-32.

- Hora de mudar. (2010, novembro). *Family Matters: Um relatório sobre atitudes em relação a problemas de saúde mental na comunidade sul-asiática em Harrow, noroeste de Londres* . Recuperado em fevereiro de 2013 de http://www.time-to-change.org.uk/sites/default/files/imce uploads /Family%20Matters.pdf

- Umana-Taylor, AJ, Bhanot, R., & Shin, N. (2006). Formação de identidade étnica durante a adolescência: O papel crítico das famílias. *Journal of Family Issues* , *27,* 390-414.

- Umana-Taylor, AJ, Yazedjian , A., & Bamaca-Gomez, MY (2004). Desenvolvendo a Escala de Identidade Étnica usando perspectivas de identidade social e eriksoniana . *Identidade* , *4* , 9, 38.

- Unger JB & Schwartz, SJ (2010). Biculturalismo e contexto: o que é biculturalismo e quando é adaptativo? Comentário sobre Mistry e Wu. *Desenvolvimento Humano. 53* , 26-32

- Valdez, JN (2000). Psicoterapia com clientes hispânicos biculturais. *Psicoterapia: Teoria, Pesquisa, Prática, Treinamento* , *37* (3), 240-246

- WHO-AIMS. (2006). *Um relatório da avaliação do sistema de saúde mental no Nepal usando o Instrumento de Avaliação para Sistemas de Saúde Mental da Organização Mundial da Saúde. Kathmandu, Nepal* . Recuperado em fevereiro de 2013, de http://www.who.int/mental health/evidence/ nepal who aims report.pdf

- Yardley, L. (2000). Dilemas na pesquisa qualitativa em saúde. *Psicologia e Saúde* , *15* , 215-228.

- Yin, RK (2003). *Pesquisa de estudo de caso: design e métodos* , Sage Publications, Inc. EUA.

- Zubin, J. & Spring, B. (1977). Vulnerabilidade: Uma Nova Visão sobre Esquizofrenia. *Journal of Abnormal Psychology, 86* , 103-126

Appendix A: Informações para referenciadores

<u>Explorando como os nepaleses entendem a saúde mental e buscam ajuda para seus problemas.</u>

Informações para agentes de referência

Informações básicas

Meu nome é Bandana Upadhya e sou uma psicóloga clínica estagiária fazendo doutorado em psicologia clínica na University of Surrey. Este é um curso de pós-graduação de três anos e atualmente estou no meu segundo ano. Como parte do curso de psicologia clínica PsychD , também trabalho meio período em serviços de saúde mental no NHS, o que envolve a realização de avaliações psicológicas e intervenções para usuários do serviço, sob a supervisão de um psicólogo clínico qualificado.

Um requisito do Doutorado em Psicologia Clínica é conduzir um grande projeto de pesquisa em um tópico que seja original e faça uma contribuição significativa para o campo. Meu interesse particular em pesquisa, no entanto, tomou forma antes mesmo de eu começar meu treinamento clínico. Tudo começou quando eu era voluntário em um serviço criado para ajudar pessoas com dependência de drogas e álcool, em Aldershot (Hampshire). Durante esse tempo, fiz uma descoberta triste e digna de nota. Que jovens pertencentes à comunidade nepalesa na área de Aldershot procuravam o serviço apenas para trocar agulhas e pareciam relutantes e até mesmo aversivos a receber apoio (por exemplo, aconselhamento) para seus problemas de dependência. O gerente do serviço estava motivado a entrar em contato com esses jovens e para ajudá-los em seu esforço desafiador decidiu me recrutar, também um jovem nepalês que morava no Reino Unido. No entanto, minha tentativa de iniciar uma conversa e oferecer apoio foi imediatamente rejeitada.

O que me incomodou ainda mais foi perceber que havia claramente uma seleção de indivíduos nomeados para realizar a tarefa de levar de volta um novo conjunto de agulhas para um grupo oculto, indicando assim que o problema permanecia relativamente "subterrâneo" e, portanto, inacessível.

Essa observação me deixou curioso e muito preocupado com as atitudes que potencialmente impulsionam a ausência de busca por ajuda entre uma população de jovens nepaleses que vivem no Reino Unido. Isso me fez pensar se as respostas poderiam ser encontradas investigando o que buscar ajuda significa na cultura nepalesa em geral, mas também o que significa se você pertence a um grupo minoritário e a uma população migrante. Além disso, me fez questionar se os serviços disponíveis atualmente estavam de acordo com suas necessidades ou se essas necessidades eram compreendidas em primeiro lugar. Posteriormente, comecei a considerar como poderia descobrir isso. Estar posicionado na Universidade de Surrey, portanto, forneceu uma plataforma para tentar responder a essas perguntas (e talvez mais) na forma de um estudo de pesquisa confiável.

Pegar uma ideia e transformá-la em uma questão de pesquisa realista significou realizar uma revisão de literatura, o que levou minha atenção a várias evidências de apoio. Descobri que os moradores nepaleses de Aldershot eram menos propensos a falar com seus médicos de família sobre suas preocupações com a saúde mental e eram menos propensos a estar cientes dos serviços locais de saúde mental, em comparação com os britânicos brancos que viviam na mesma área. Minha atenção também foi atraída para o relatório de avaliação das necessidades de saúde concluído sobre a população nepalesa de Aldershot, que indicou que os nepaleses eram propensos a somatizar transtornos mentais, e que as mulheres nepalesas eram propensas a se identificar como deprimidas, mas dificilmente relatariam isso. Portanto, há claramente uma diferença na maneira como os nepaleses entendem, comunicam e gerenciam preocupações relacionadas à saúde mental, que precisam ser investigadas mais a fundo e de forma mais abrangente. Os dados que emergem dessas investigações, incluindo a minha, podem então informar de forma útil como os serviços são organizados e gerenciados para atender adequadamente às necessidades do grupo em questão, para que eles não sejam marginalizados .

Assim, a questão ampla que desejo perguntar por meio da minha pesquisa é como as dificuldades psicológicas ou emocionais são vistas, reconhecidas e tratadas pelos nepaleses que vivem no Reino Unido. Para fazer isso, quero perguntar às pessoas sobre suas experiências únicas para que juntos possamos tentar responder à questão que desejo investigar.

Recrutando participantes adequados

Devido ao potencial estigma associado a transtornos de saúde mental e dependência de drogas na comunidade nepalesa (com base em descobertas de pesquisas anteriores), gostaria de recrutar participantes de uma maneira sensível e inócua, para a qual preciso de sua ajuda. Uma folha de informações foi preparada para o benefício do participante interessado, que inclui todos os detalhes relevantes sobre o estudo e o que a participação pode envolver. Eles também terão a oportunidade de entrar em contato comigo para fazer mais perguntas. Também ficarei feliz em me encontrar com eles antes da entrevista para discutir mais sobre o estudo. Eles também podem solicitar ver os tópicos da entrevista com antecedência. Observe que os participantes serão solicitados a consentir antes da participação e sua identidade permanecerá anônima durante todo o processo.

O estudo tem certos critérios de inclusão que devem ser atendidos. Estes incluem:

- Os participantes devem residir atualmente no Reino Unido e seu país de origem deve ser o Nepal
- Os participantes devem ter 18 anos ou mais (e não mais de 29 anos)
  Os participantes devem ser capazes de se comunicar em inglês (o pesquisador está disposto a abrir exceções caso seja difícil de cumprir)

  Os participantes devem ter alguma experiência pessoal de sofrimento emocional ou dificuldades de saúde mental (atualmente ou no passado)
- Os participantes devem estar dispostos a serem entrevistados e a entrevista deve ser gravada em áudio

Informações adicionais relevantes

Todas as despesas de viagem serão reembolsadas.

Por favor, converse sobre o estudo com qualquer pessoa que você considere adequada (após considerar os critérios de inclusão) e também entregue a ela uma das folhas de informações do estudo que anexei.

O próximo passo

Se eles estiverem interessados em participar , entre em contato comigo usando os detalhes de contato fornecidos abaixo. Eu farei mais perguntas sobre o indivíduo para garantir que ele atenda aos critérios e também para seus detalhes de contato. Portanto, certifique-se de que eles estão felizes em me contatar. Alternativamente, você pode dar minhas informações de contato a eles se eles desejarem entrar em contato comigo diretamente. Poderíamos até mesmo marcar uma reunião a três, se isso for desejável ou mais apropriado.

Caso você tenha alguma dúvida sobre o estudo ou comentários sobre o recrutamento de participantes, não hesite em entrar em contato comigo.

Por fim, gostaria de agradecer por ter tirado um tempo para ler essas informações e por concordar em me ajudar com minha pesquisa. Sua ajuda é muito necessária e apreciada.

Meus dados de contato e os do meu supervisor de pesquisa estão abaixo.

Appendix B: Ficha informativa do participante

Ficha de informações do participante

Explorando como os nepaleses entendem a saúde mental e buscam ajuda para seus problemas.

Meu nome é Bandana Upadhya e sou uma psicóloga clínica estagiária fazendo doutorado em psicologia clínica na University of Surrey. Este é um curso de pós-graduação de três anos e atualmente estou no meu segundo ano. Como parte do curso de psicologia clínica PsychD , também trabalho meio período em serviços de saúde mental no NHS, o que envolve a realização de avaliações psicológicas e intervenções para usuários do serviço, sob a supervisão de um psicólogo clínico qualificado.

Antes disso, concluí um curso de Psicologia e também adquiri experiência de trabalho relevante, ambos requisitos necessários para o doutorado. Parte da experiência de trabalho incluiu trabalhar como Psicólogo Assistente com jovens com dificuldades de aprendizagem e autismo, trabalhar como assistente de saúde com idosos que sofrem de Demência e como assistente de apoio com pessoas se recuperando do vício em drogas e álcool. Também concluí anteriormente um Mestrado em Métodos de Pesquisa na Universidade de Surrey.

Meu país de origem é o Nepal. Minha família e eu migramos para o Reino Unido em 1999, depois que meu pai, que estava servindo no Exército Britânico, foi destacado para cá. Tendo vivido no Reino Unido por mais de 13 anos, considero que me integrei bem à cultura britânica, mantendo muitas das minhas normas e valores orientais.

Como parte do treinamento de doutorado, tenho que realizar um grande projeto de pesquisa sobre um tópico que seja original e que contribua de alguma forma para o campo da psicologia clínica e também para a comunidade em geral. Então, decidi conduzir um estudo de pesquisa que é próximo ao meu coração e que acredito ser um passo necessário para investigar as necessidades psicológicas de uma população migrante crescente e amplamente não representada.

Sobre o que é meu estudo?

Pesquisas sugerem que os nepaleses que vivem no Reino Unido buscam ajuda para problemas (como problemas de saúde mental como ansiedade, depressão, etc.) de maneiras diferentes dos britânicos. Pesquisas também mostram que há altas taxas de problemas relacionados a drogas entre jovens nepaleses criados no Reino Unido, mas que eles não buscam ajuda para isso aqui, com o resultado de que muitos jovens acabam sendo enviados de volta ao Nepal por suas famílias para tratamento lá. Também não está claro por que o tratamento para problemas de saúde mental e problemas relacionados a drogas não é procurado no Reino Unido pela comunidade britânica nepalesa. Nem sabemos se os nepaleses que vivem no Reino Unido vivenciam o que os britânicos chamariam de "problemas de saúde mental" de forma diferente, por que a ajuda para esses tipos de problemas não é solicitada, como os nepaleses se sentem sobre a ajuda oferecida na Grã-Bretanha e que tipo de ajuda seria mais apropriada.

Como uma pessoa nepalesa que também está se treinando para se tornar uma psicóloga clínica, estou interessada em pesquisar como os adultos nepaleses que vivem no Reino Unido veem as dificuldades emocionais ou psicológicas que encontraram e como respondem a elas, bem como como se sentem em relação a obter ajuda. Espero fazer uma série de perguntas sobre tópicos relacionados a essas questões que serão a base para uma discussão entre nós.

É minha ambição que uma investigação desta natureza me permita obter alguma visão do mundo do povo nepalês que está na posição única de ser cidadão migrante de um país anfitrião que também é seu local de residência atual e (muito provavelmente) permanente. Espero que as descobertas desta pesquisa lancem algumas novas compreensões em torno das necessidades emocionais e/ou psicológicas de uma população que é pouco pesquisada e corre o risco de ser marginalizados . Espero também que as descobertas possam contribuir para apoiar decisões futuras em torno do engajamento e fornecimento de serviços adequados para esse grupo em particular.

Tenho que participar?

Participar do estudo é uma escolha inteiramente sua. Para ajudar você a decidir, você também pode querer buscar conselhos de amigos, familiares, outros profissionais, líderes comunitários, etc. Você também pode entrar em contato comigo para obter mais informações ou para responder a quaisquer dúvidas e preocupações que você possa ter sobre o estudo. Meus detalhes de contato podem ser encontrados no final deste documento.

Mesmo que você concorde em participar, você pode escolher não responder a todas as perguntas da entrevista. Você também pode se retirar da pesquisa a qualquer momento, sem dar uma razão.

O que terei que fazer?

As entrevistas ocorrerão nos escritórios do Conselho Rushmoor , que ficam perto do centro da cidade de Farnborough , ou na Universidade de Surrey, que fica em Guildford. Você terá uma hora ou mais do seu tempo para a entrevista, onde farei algumas perguntas relacionadas à sua experiência. Também posso enviar os tópicos que discutiremos juntos antes de nos encontrarmos para que você possa pensar sobre o que gostaria de me dizer.

Observe que gravarei a entrevista em vez de anotar suas respostas, o que me permitirá prestar total atenção ao que você está dizendo. O material gravado será usado apenas para me lembrar do que você disse durante a entrevista e não para quaisquer outros propósitos. Assim que a pesquisa for concluída, as gravações serão destruídas. O formulário de consentimento conterá mais informações sobre o procedimento de gravação, e também ficarei feliz em responder a quaisquer perguntas adicionais que você possa ter sobre isso.

Onde nos encontraremos dependerá de qual das duas opções (Rushmoor Council Offices ou University of Surrey) for mais conveniente para você. Infelizmente, não poderei encontrá-lo em sua casa, mas se você não puder ir aos locais acima, poderemos negociar um local privado diferente que seja mais adequado para você. Observe que suas despesas de viagem serão reembolsadas.

Como concordo em participar?

Você receberá um formulário de consentimento para ler e assinar, para dizer que entendeu do que se trata a pesquisa e o que ela envolve, que teve a oportunidade de fazer perguntas e, finalmente, que concorda em participar do estudo.

O Formulário de Consentimento também diz que todas as informações sobre você são mantidas confidenciais de acordo com a Lei de Proteção de Dados de 1998.

O que acontecerá com as informações que compartilho?

Tudo o que você compartilhar comigo permanecerá confidencial. Seu nome e todos os detalhes sobre você, bem como qualquer outra informação que possa identificá-lo pessoalmente (por exemplo, onde você mora, nomes de membros da família, etc.) serão mantidos anônimos no estudo. Você receberá um nome fictício após a entrevista e, depois disso, apenas seu nome fictício será usado ao se referir às informações que você compartilhou.

As informações que você compartilhar comigo também serão acessadas pelo meu supervisor de pesquisa durante o curso do estudo. Meu supervisor é alguém mais velho que eu, trabalhando como palestrante e pesquisador na Universidade de Surrey. Ele me ajudará a realizar minha pesquisa com o mais alto padrão possível. Mais uma vez, apenas seu nome fictício será usado durante as discussões com o supervisor.

Todas as informações coletadas durante este estudo de pesquisa serão armazenadas com segurança em um arquivo trancado na Universidade de Surrey, de acordo com a Lei de Proteção de Dados de 1998, e serão destruídas após cinco anos.

O que acontece quando a pesquisa é concluída?

É provável que essa pesquisa em particular leve mais de um ano para ser concluída, escrita e aprovada, o que pode levar muito tempo depois de você ter participado.

A maioria dos pesquisadores deseja que suas descobertas de pesquisa sejam publicadas em periódicos relevantes para que outros que trabalham no mesmo campo possam aprender mais. Geralmente, são periódicos acadêmicos aos quais o público pode não ter acesso. Posso lhe enviar uma cópia do estudo de pesquisa final, se desejar, além de cópias de quaisquer artigos nos quais a pesquisa seja publicada.

Além disso, devido ao tópico que está sendo pesquisado e sua relevância para a comunidade nepalesa, pretendo ter as descobertas publicadas em sites e/ou revistas voltadas para a população nepalesa do Reino Unido ou outros relevantes. Novamente, se você estiver interessado, posso lhe enviar informações sobre isso no momento.

Dados pessoais sobre você não serão publicados ou compartilhados em nenhum momento, e um cuidado especial será tomado para garantir que ninguém consiga identificá-lo pessoalmente.

Quais são os benefícios de participar desta pesquisa?

Participar desta pesquisa lhe dará uma oportunidade de falar sobre sua experiência única. Ao compartilhar sua história, você está contribuindo não apenas para o mundo acadêmico e de pesquisa, mas também participando ativamente de movimentos futuros para a criação de novos serviços ou trazendo mudanças para serviços existentes disponíveis para outros cidadãos nepaleses do Reino Unido. Além disso, você também está dando à comunidade nepalesa uma oportunidade valiosa de ter uma voz positiva e eficaz dentro da sociedade em geral. Portanto, sua contribuição para esta pesquisa em particular será extremamente útil e valiosa.

Há alguma desvantagem em participar?

Você pode achar algumas das perguntas muito pessoais. Alternativamente, você pode achar difícil falar sobre uma experiência passada que foi particularmente desafiadora para você ou sua família. Se você achar uma pergunta muito pessoal ou perturbadora de alguma forma, você não precisa respondê-la. Também podemos fazer uma pausa a qualquer momento durante a entrevista ou decidir não continuar com ela. Como mencionado acima, você também pode solicitar para ver as perguntas com antecedência para ajudar você a se preparar.

No entanto, se você precisar de algum suporte após a entrevista, posso indicar algumas redes de suporte com as quais você pode entrar em contato.

Alternativamente, se você quiser falar comigo sobre qualquer aspecto da entrevista ou pesquisa em geral, você pode entrar em contato comigo. Embora eu possa não ser capaz de fornecer qualquer suporte psicológico específico, posso ouvir e/ou tentar o meu melhor para responder a perguntas que você possa ter sobre a pesquisa.

E se houver um problema?

Se você tiver alguma preocupação sobre a maneira como foi tratado durante o curso do estudo de pesquisa, entre em contato com minha supervisora para discutir mais. O nome dela e os detalhes de contato foram fornecidos abaixo.

A pesquisa foi aprovada por algum comitê?

O estudo foi aprovado pelo Comitê de Ética da Faculdade de Artes e Ciências Humanas da Universidade de Surrey.
Obrigado por reservar um tempo para ler esta folha de informações. Espero ter respondido satisfatoriamente a todas as suas perguntas sobre o estudo de pesquisa. No entanto, se você tiver alguma dúvida restante, sinta-se à vontade para entrar em contato comigo.

Meus dados de contato e os do meu supervisor estão abaixo.

Appendix C: Formulário de consentimento

Formulário de consentimento para participação em pesquisa

Título da pesquisa: Um estudo que explora a busca de ajuda para questões sociais e de saúde mental entre jovens nepaleses que vivem no Reino Unido.

Bandana Upadhya, Psicóloga Clínica Estagiária, Universidade de Surrey
b.upadhya@surrey.ac.uk

O Departamento de Psicologia da Universidade de Surrey apoia a prática de proteção de participantes em pesquisas.

- Li e compreendi a página 'folha de informações do participante' que me fornece informações sobre o que é o estudo, onde e por que ele está sendo feito e quanto tempo provavelmente levará
- Compreendo a natureza e o propósito da entrevista e concordo em ser entrevistado
- Entendo que minha decisão de participar desta pesquisa é inteiramente voluntária
- Entendo que tenho a liberdade de desistir a qualquer momento durante a entrevista, sem dar nenhuma razão e sem nenhuma penalidade.
- Entendo que não sou obrigado a responder a nenhuma pergunta que não deseje responder.
- O pesquisador me deu informações sobre o que se espera que eu faça. Fui informado sobre qualquer possível sofrimento que participar do projeto pode me causar e me ofereceram suporte caso isso aconteça.
- Eu contarei ao pesquisador imediatamente se eu ficar chateado ou preocupado com quaisquer perguntas que me forem feitas durante a entrevista, ou se eu tiver alguma preocupação depois. Tive a oportunidade de fazer perguntas ao pesquisador sobre a pesquisa e entendi as respostas para todas as perguntas que fiz.
- Entendo que todos os dados pessoais são mantidos e processados na mais estrita confidencialidade e de acordo com a Lei de Proteção de Dados (1998). Fui informado de que as gravações de áudio serão destruídas assim que o estudo for concluído e que as transcrições escritas terão qualquer informação que possa me identificar será retirada para garantir meu anonimato.
- Fico feliz que o pesquisador escreva sobre o que eu disser durante a entrevista e publique isso, desde que essas informações permaneçam anônimas. Entendo que citações das entrevistas podem ser usadas, mas serão tornadas anônimas.
- Li e compreendi tudo o que está escrito acima e escolhi consentir em participar deste estudo. Foi-me dado tempo suficiente para pensar sobre isso e concordo em cumprir as instruções e restrições do projeto.

Nome do participante (LETRAS MAIÚSCULAS)
Assinado
Data
Nome do pesquisador/pessoa que recebe o consentimento (LETRAS MAIÚSCULAS)
Assinado
Data

Apêndice D: Extrato codificado demonstrando o tema mestre e cada um dos principais temas

Master theme	Main themes/Super-ordinate themes	Cluster of themes from participants (with corresponding theme titles) Supporting quotes
Viewing mental health differently	1.Understanding mental health	**(An illness of the brain)** **Crashed brain, Depression equals damaged brain, Becomes a problem once it's in your brain, Depression is like stroke, loss of brain function, contaminated brain)** Shreya: my brain chemical was all fuzzy..... Shreya: my brain was hurting.. it was physically hurting Anju: but you know even a crazy person still has a

		brain but because they hear voices and they get angry at themselves Jitendra: and it was hard because obviously quitting drugs is one of the most difficult things that anyone can face it's in your blood and in its in your brain (Going crazy) Sense of self as crazy, fear of crazy, perceived as mad, fear of being perceived as crazy, mental health is when you are crazy, crazy person, focussing on bad thoughts makes you crazy Shreya: people have told me that I am mad uncle and auntys have told me I am mad like you are totally gone Anju: I had also become crazy some time ago Anju: even my brothers used to cry because they thought I had become a crazy person Kalpana: as soon as you say mental health they would think Oh that person is crazy or this guy is crazy

		(Build-up of worry) **Excessive worrying, build-up of worry, building up to an explosion, tension, worrying makes you crazy** Anju: when people are always thinking and thinking and worrying and worrying looks like they will start hearing things themselves, like a crazy person Gita: I think that kind of gave me lots of urm I don't know worry coz like I was worrying about so many things I was worrying about my parents what if my aunt or family friends ask about me I don't know what they will say or how would they feel **(Somatisation)** **somatisation of worry, worms in stool, infection, physical manifestation of pain, emotional suppression, sleep it off, wish to stop feeling** Shreya: I still kept seeing these worms like really thick and then when I went to my dad took me to this

		hygiene medical place and urm we did thorough tests like blood tests liver tests tests just tests sample of the stool everything and then it came out negative so the professional doctor classed it as urm depression Kalpana: yea 2,3 months I struggled a lot I did go to the doctors I had to go to A&E urm coz I had cold sores all over my face Gita: I think it comes to a breaking point when you are actually suffering with a really bad fever....
	2. Recognising and solving problems: focus on self and others	**(Focus on self)** **Fragile sense of self, Damaged self, sense of self as different, sense of self as inadequate, renewed self-perception, self-reliant, rules for self-preservation, protecting self, re-birth of self, attempts to bring back lost self , self-aware** Shreya: I have always been very sensitive uhh I am a sensitive person

		Shreya: I cannot recover fully you know when you are a certain way all through your life I felt I can never get better Gita: : I think uhh again its to do with your own individual character plus your mind set and what you are like uhh because I think uhh when I was in Nepal I wanted to kind of find out why things happen and why cant I do thiings for exampke like in terms of pocket money we didn't have to worry your parents kind of gave you money but I wanted to experience like what is it like to work and earn your own money, Jitendra: I don't know what happened something came from within that OK enough is enough for things to change I have to change… I wanted to be a good example to my nephew Kalpana: I didn't want anyone to know what was going on I didn't want any strangers to know or judge me or know what was going on so I sort of thought I can deal

		with it myself I am just taking my time Kalpana: I never cry and ask for help to someone else if I can do it on my own or if I am going through something **(Focus on others)** **Sense of not belonging, desire for acceptance, social rejection, group identity, critical others** Shreya: they were telling me it was my fault for being weak Shreya: When you are sad a lot you just don't want to hang out with people so they kind of moved away from me Anju: I get worried about whether others will understand my feelings or not, if they understand fair enough but if they don't then it just makes things worse, what if they say harsh things to you or they laugh at you? Some people would make fun of you and

		gossip about you uhh so really whats the point of telling people your problems Gita: I can feel they are thinking about my parents already they are being judgemental like oh having moved out what effect have you had on your parents Kalpana: I don't know its just the way our society is I think like our Nepalese society we have this preconception in our head that getting help just means that to get help means that you are mentally unstable that's why you are getting help I think that's the way we think we don't think about what it can do to you or help you we would rather think what other people would think about it if they knew that you were going to a therapist so urm I don't know now when I was growing up in Nepal it wasn't common I don't think I knew anyone who went to a therapist and no one would suggest to you as well...
	3. Closeness and Escapism: focus on family and community	**(Conflicting need to protect and to separate from parents)** **Parents as the decision makers, Pressure from family, Resentment at family, Damaged**

		relationship, family as the trigger, hiding from parents **Sense of loyalty towards parents, Protecting parents from pain, Obligation towards family, Indebted to parental sacrifice** Kalpana: ....then the thought of my family came along in my head and I am thinking my parents are there I have to make them proud urm they have done so much for me and I have to have this exam and go back home to my parents and make them proud so as soon as the thought of my parents came I think that's what helped me a lot I knew what I needed to do Shreya: It is not socially accepted to dislike your family coz nepali people remind you that your mum has done this for you and that for you so you feel more guilt on top of what you already have... Anju: once I believed the voice and got angry at my mum and dad because they would not believe me when I told them what I had heard, they asked me if I was

		going mad or what, when my parents did not believe what I was telling them I did not want to live anymore Gita: In our culture its very family orientated you know living together its not really encouraged to move out even though you are capable to do so or even if you want to at the same time there is huge respect for your parents as well and you don't want to go against your parents you know that kind of thing and there are also other social aspect as well as its not seen as a really good thing Jitendra: my parents were not very happy with it they knew I was up to something but they didn't know I was so down into it I was already deep inside they were just really frustrated coz I was really skin and bones before hehe coz obviously the effect was there Shreya: if the mother if the family have had their issues resolved if they urm if the child within them if they are urm aware if they are aware of their own issues and they are well rounded people even in Nepalese families you raise healthy children there is the emotional

		support whatever but if you are trying to live through your children if you are frustrated with your life and you want to see yourself through your children that's unconditional love that's not healthy **(Helpful community vs Unhelpful community)** Nosey community, helpful community, untrustworthy community Anju: I got really scared so I went upstairs to my room and there is a balcony outside my room I went there and called this Nepali didi (sister) who had helped me before, she called the police and the police came, another nepali didi came with the police Kalpana: I am quite open about it with people although it depends who you talk to especially about drugs you know they might its not you don't want people to talk about it I think it depends who you talk to so I don't want obviously it's a small community isn't it? If someone says something to someone else it goes around and I don't want end of the day I don't care

		what people say I don't want it to go to my parents I don't want my parents to know about it Gita: I had already had the idea of moving out but then it was difficult for me to you know how do I bring up the topic with what do I say or even to convince them (parents) yea what reasons could I give them to make them convinced and even if they would say yes at the same time they would be concerned about what other people would think what the society would think because we live in such a tightly knit community where everyone knows everyone coz of the army connections Shreya: community but if you think about it these are the community people yea all around here and they always worry about what other people think but like how are you going to progress coz everyone else is worried about what everyone else is going to think ….they talk about one another it's very negative I find they don't help so who gives a shit about the community, they don't help you anyway

Índice

MIX
Papier aus verantwortungsvollen Quellen
Paper from responsible sources
FSC® C105338

Printed by Books on Demand GmbH, Norderstedt / Germany